Originalausgabe
© 2019 Dressler Verlag GmbH, Poppenbütteler Chaussee 53,
22397 Hamburg
ellermann im Dressler Verlag GmbH · Hamburg
Alle Rechte vorbehalten
Einband und farbige Illustrationen von Elias Linnekuhl
Druck und Bindung: Livonia Print SIA, Ventspils iela 50,
LV-1002 Riga, Lettland
Printed 2019
ISBN 978-3-7707-0165-0

www.ellermann.de

Andrea Schütze

Die 7 goldenen Briefe

Mit Bildern von Elias Linnekuhl

ellermann im Dressler Verlag GmbH · Hamburg

Inhaltsverzeichnis

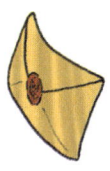

Es war einmal im Jahr...

Einmal im Jahr treffen sich an einem sehr
versteckten, unbekannten Ort im Nebenland zwölfeinhalb Leute eines Geheimrats,
um eine wichtige Entscheidung zu treffen.
Deswegen heißt dieser Geheim-
rat auch Rat der Zwölfeinhalber.
Genau genommen trifft diese wichtige Entscheidung
jedoch die Kugel-Wahl-Klongsdingeling-
Maschine, aber dazu kommen wir noch …

Bestimmt ist dir aufgefallen, dass die
Rede von zwölfeinhalb Leuten ist.
Das ist eine sehr seltsame Anzahl.
Ganz abgesehen davon, dass ein halber Leut
auch nicht gerade das ist, was man so kennt.

Schauen wir uns die Sache also mal etwas genauer an.
Denn zufällig und glücklicherweise, will ich mal sagen, ist ausgerechnet heute der Tag, an dem sich der Geheime Rat zusammengefunden hat …

8

1

Post für Jule

»J U L E P A U L«, buchstabiert Luzie mühsam die An-
schrift auf dem großen Umschlag, der ihr beim Öffnen des
Briefkastens entgegenfällt. »Ach, menno, wieder nix für
mich«, mault sie. »NIE krieg ich Post, das ist echt gemein.«
Sauer wirft sie ihrer großen Schwester den Brief vor die
Füße. »Da, für dich. Und auch noch in Gold. Obergemein.«

»He!« Jule bückt sich. Der Umschlag ist wirklich glän-
zend und glatt wie eine Folie. Man kann sich fast darin
spiegeln! Jule dreht sich um und will
in ihr Zimmer gehen.

»Halt, warte, ich will noch
mal gucken!«, ruft Luzie ihr
nach und zerrt an Jules
Arm. »Ist er nicht doch
für mich?«

»Nee.« Jule schüttelt Luzie ab. »Hier steht eindeutig mein Name. Von wem der wohl ist?« Jule dreht den Brief, um nach dem Absender zu schauen. Es ist nichts zu finden.

»Bestimmt von Omi«, winkt Luzie ab. »Und drin steht, dass sie dich lieb hat und dich für immer lieb hat und total

verliebt ist in dich und uns bald wieder mal besuchen kommt. Kenn ich schon. Brauch ich gar nicht haben!« Luzie zieht eine Schnute.

Jule schüttelt den Kopf.

»Glaub ich nicht«, sagt sie. »Das ist nicht Omis Schrift.«

»Dann mach halt endlich auf!«, mault Luzie, zu deren Lieblingshobbys nicht gerade Geduld gehört.

»Nö, nach dem Essen«, erwidert Jule, die sich selbst stundenlang auf die Folter spannen kann. Nicht nur mit Briefen. Auch mit anderen spannenden, tollen oder leckeren Sachen. Süßigkeiten zum Beispiel. Jule hat immer noch einen Schokoladenweihnachtsmann, obwohl schon fast Sommer ist!

»Du bist so doof«, stellt Luzie klar und geht in die Küche, wo Mama dabei ist, die Einkäufe zu verstauen.

Jule zuckt mit den Schultern, öffnet ihren Schulranzen und schiebt den Brief zwischen die Hefte. Ein bisschen wundert sie sich dabei über sich selbst. Normalerweise erzählt sie Mama nämlich sofort alles. Manchmal redet sie so viel, dass Mama nach einem Pausenknopf sucht.

Irgendwas ist an dem Brief besonders. Er ist anders als alle Post, die jemals bei Familie Paul im Briefkasten lag. Und aus irgendeinem Grund möchte Jule allein sein, wenn sie ihn öffnet.

Doch diese Hoffnung wird jäh zerstört, als Luzie später beim Abendbrot mit Jules Geheimnis herausplatzt.

»Mama, Jule hat einen goldenen Brief bekommen und will ihn nicht aufmachen«, erzählt sie.

Jule verdreht die Augen.

»Wieso nicht?«, will Mama wissen.

»Ffff«, macht Jule ausweichend und beginnt, sich extra ausführlich ihren Radieschen zu widmen. Sie will Mama gerade in ein ablenkendes Gespräch über Gemüse verwickeln, als Luzie schon wieder anfängt.

»Und warum machst du ihn jetzt nicht auf?«, fragt sie kauend.

»Wen?« Jule funkelt ihre kleine Schwester an.

»Den Brie-hiief«, kräht Luzie, als wäre Jule von vorgestern.

»Ach, der«, winkt Jule ab. »Das war bloß Werbung«, schwindelt sie.

»Dann krieg ich aber den Umschlag. Zum Basteln«, bestimmt Luzie.

Jule überlegt. Natürlich hätte sie den Umschlag ebenfalls gerne, aber wenn sie jetzt eine Diskussion beginnt, kommt Mama noch auf die Idee, sich alles ansehen zu wollen.

»Von mir aus«, sagt sie deswegen rasch.

Luzie sieht erstaunt auf. So schnell hätte sie gar nicht mit einem Sieg gerechnet.

»Danke, Julchen.« Luzie strahlt Jule mit einem Auge an, das andere ist hinter ihrer Brille mit einem bunten Pflaster abgeklebt.

»Bitte, kleiner Pirat«, erwidert Jule und lächelt. Sie mag das Gefühl, ihrer kleinen Schwester eine Freude zu machen.

Zum Glück muss Luzie nach dem Abendessen baden, das ist seit Tagen besprochen, da führt kein Weg dran vorbei, und das gibt Jule die Möglichkeit, sich in ihr Zimmer zu verkrümeln, um endlich den geheimnisvollen Brief zu öffnen.

»Hoffentlich ist es nicht wirklich nur Werbung«, murmelt Jule, kramt den Umschlag aus dem Schulranzen und legt sich aufs Bett. Vorsichtig löst sie die Klebestellen des Papierdreiecks, um den Umschlag so wenig wie möglich zu beschädigen. Jule hat den Eindruck, dass er sogar noch mehr glänzt als vorhin. Ja, er leuchtet geradezu! Und seltsamerweise klebt gar keine Briefmarke darauf, jemand muss ihn direkt in ihren Briefkasten geworfen haben, das fällt ihr jetzt erst auf. Jules Hände zittern leicht, so aufgeregt ist sie, als sie hineingreift. Suchend gleitet sie mit den

Fingern durch den Umschlag, doch es lässt sich überhaupt nichts ertasten! Jule hält den Briefumschlag prüfend unter ihre Nachttischlampe.

Nein, sie hat sich nicht getäuscht, er ist tatsächlich leer.

»Das kann doch nicht sein«, murmelt Jule, schüttelt, dreht und wendet den Umschlag hin und her. »Nix«, stellt sie enttäuscht fest. »Wer verschickt denn Post ohne Post drin?« Oder hat Luzie ihn etwa geklaut? Klar! »Diese …«, faucht Jule und will gerade ins Bad stürmen, als es an der Haustür klingelt.

»Ich kann hier nicht weg«, ruft Mama aus dem Bad. »Geh du, bitte! Aber so, wie wir das immer machen …«

»Aua!«, hört Jule Luzie brüllen, »jetzt hab ich Schaum in die Augen gekriegt.«

»Geschieht ihr recht«, murmelt Jule sauer und läuft die Treppe hinunter.

Weil Jule und Luzie die Haustür nicht einfach aufmachen dürfen, wenn jemand klingelt, und sie keinen Spion hat, öffnen die beiden in einem solchen Fall die kleine Tür des Briefkastens und schwenken die Klappe des Schlitzes nach außen. So haben sie eine prima Sicht auf den Besuch. *Quiiiek*, macht die Klappe wie üblich, als Jule sie anhebt und nach draußen linst.

Da beugt sich ein Mann hinunter und spricht zu Jules Fingern, die daraus hervorgucken.

»Äh, hi«, sagt er. »Ich hab vorhin was vergessen.«

Jule muss kurz nachdenken. Sie kennt den Mann nicht. Eigentlich ist es auch eher ein Jugendlicher. Den kennt sie aber auch nicht. Jetzt weiß sie nicht, was sie tun soll.

»Wie, vergessen?«, fragt sie.

»Du bist doch Jule, oder?«, fragt er.

Jule nickt hinter der Tür, was nicht besonders viel nützt. Doch der Junge scheint sich nicht weiter für eine Ant-

wort zu interessieren, sondern seufzt genervt. »Pass auf«, meint er, »ich bin übelst lange hierhergeflogen, um den Goldenen Brief bei dir abzugeben. Das mistige Schrottding von Klongsdingeling-Maschine hat deinen Namen ausgespuckt, weil der Alte Meister seinen fusseligen Wallebart einfach nicht in den Griff kriegt. Dass man das ganze Drum und Dran auch alles bequem mit dem Computer regeln könnte, checken die einfach nicht …«

Jule sagt gar nichts, sie starrt nur wie eingefroren durch den Briefkastenschlitz auf das Gesicht des seltsamen Jungen. Am Rand seiner Mütze steckt ein Button mit einer verschnörkelten Zahl in Gold. Und kann es sein, dass seine Haut grün ist? Mintgrün? Und sind das etwa spitze Ohren, die aus dem Haargewirr hervorstehen? Außerdem läuft über Wange, Nase und Stirn die feine Zeichnung einer Blumenranke.

»Tattoo«, haucht Jule beeindruckt. Von so Nahem hat sie noch nie eine Tätowierung gesehen.

»Das da?«, fragt der Elf und tippt sich mit einem Finger an die Stirn.

Seine Fingernägel sind blau, bemerkt Jule. In ihrem Kopf dreht sich ein Karussell und will einfach nicht anhalten, damit sie einen vernünftigen Gedanken hervorholen kann.

»Nee, das ist mein Zeichen«, redet der Junge weiter. »Ich bin vom Stamm der Waldreben. Ach so, ich heiße übrigens Clemens. Also … bescheuerterweise habe ich vergessen, den Brief in den Umschlag zu stecken. Hier, mach mal die Hand da weg«, sagt er, und als Jule ihre Finger zurückgezogen hat, steckt er ein Blatt Papier in den Kasten. Es flattert heraus und landet sachte vor Jules Füßen. Als sich Jule bückt, hört sie gerade noch, wie Clemens durch den Schlitz flüstert: »Mach einfach alles genau so, wie's drinsteht. Irgendeiner von den Pappnasen des Zwölfeinhalber-Rats wird dir hin und wieder einen Besuch abstatten. Die Prüfungen sind übrigens plumpsleicht, also die meisten … Na ja, geschafft haben es noch nicht viele, aber egal, zu gewinnen gibt's 'n Krönchen und Ehre halt. Das Ganze ist mehr so 'n *Dabeisein-ist-alles*-Ding, verstehste? Falls du nicht mitmachen willst, leg eine Nachricht unter die Fußmatte, falls du mitmachen willst, auch. Ich komm

17

heute Nacht noch mal gucken, alles klaro?« Dann fällt der Deckel auf den Schlitz.

Als Jule noch mal nach draußen schaut, ist Clemens verschwunden.

»Ich glaub's nicht«, murmelt Jule und starrt auf den Brief in ihrer Hand.

2

Der Geheime Rat der Zwölfeinhalber

Und wenn du dich jetzt genau wie Jule wunderst, woher der geheimnisvolle Brief gekommen ist und wer der seltsame Überbringer war, dann erfährst du hier darüber mehr. Denn für ein kurzes Kapitel sind wir ein paar Augenblicke nicht in der Menschenwelt, sondern im Nebenland.

»Meine Damen und Herren«, sagt der Alte Meister des Zwölfeinhalber-Rats und schaut gebieterisch in die Runde. »Wir haben uns heute und hier zusammengefunden, um … *plapper, plapper, palaver, blubber, pa bra, pa bra, pa bra bra …*«

Die Zuschauer stöhnen.

Es ist jedes Jahr dasselbe.

Hat der Alte Meister erst mal angefangen zu reden, hört er so schnell nicht wieder damit auf. Zudem hält er auch dieses Jahr die gleiche Ansprache. Manche der Anwesenden können sie schon auswendig mitsprechen! Das Ganze ist also langweilig und höchst ermüdend.

Deswegen haben die Zuhörer im Laufe der Zeit verschiedene Anti-Einschlaf-Strategien entwickelt. Denn der Alte Meister kennt kein Pardon: Ist jemand bei seiner Eröffnungsrede in Schlummer gefallen, fängt er gnadenlos noch mal von vorne an.

Und – wie gesagt – die Rede des Alten Meisters kann dauern …

Nutzen wir also die Gelegenheit, uns die Zuhörer anzusehen. Da ist zunächst natürlich der Alte Meister, ein typischer Märchenbuch-Zauberer mit einem bodenlangen grauen Bart, der unten spitz zuläuft und in dem immer irgendwelche Reste vom Mittagessen hängen. Heute gab es wohl Spinat, wenn ich den grünen Schmodder richtig interpretiere. Oh, und Schlumpf-Eis, daher kommen wohl die blauen Kleckse.

Dann hätten wir die fünf Hexenschwestern,

für die es am schwersten ist, so lange still dazusitzen und so zu tun, als ob sie dem Alten Meister aufmerksam lauschen würden. Denn normalerweise haben die kleinen Hexen ganz andere Dinge im Kopf. Sie giggeln und gackern, kichern und keckern, necken, frotzeln, foppen und narren sich. Brav sein fällt ihnen außerordentlich schwer – ist ja auch viel langweiliger, als Schabernack zu treiben. Deswegen lassen sie unter dem Tisch auch gerade ein Zettelchen wandern …

Der Siebte im Bunde ist Mister Mädschik, der begabteste Traumtänzer des Nebenlandes. Mister Mädschik kann ebenso wenig still sitzen wie die fünf Hexenschwestern, weshalb er während des Vortrags des Alten Meisters verträumt mit den Füßen auf dem Boden herumtippelt, als würde er sich eine komplizierte Choreografie einprägen. Er trägt seine schwarzen Ballettschläppchen, was das Ganze ungemein elegant aussehen lässt.

Madame Acht ist, wie der Name schon sagt, nicht nur die achte Teilnehmerin, sondern in ihrem ganzen Wesen

die Oberaufsicht von allem, denn es gibt nicht die mikro-milliklitzekleinste Sekunde, in der sie nicht auf irgendetwas achtgibt. Sie hat ihren Blick stets dort, wo sich jemand nicht benimmt, die Regeln missachtet oder etwas nicht ernst genug nimmt. In diesem Falle also ununterbrochen bei den kleinen Hexen. Was die fünf aber nicht sonderlich stört. Denn Madame Acht kann sie anstarren, solange sie will, ein schlechtes Gewissen bekommen die fünf Schwestern davon nicht.

Herr und Frau Schukowski sind die Mitglieder Nummer neun und zehn und sehen aus wie ganz normale alte Leute. Nichts an ihnen ist auffällig. Im Gegenteil, sie sind völlig unauffällig. Du könntest ihnen heute schon zweimal begegnet sein, du hättest sie gar nicht wahrgenommen. So ist das manchmal mit den Stillen und Unauffälligen: In Wirklichkeit sind sie Mitglieder eines geheimen Rats, und kein Mensch käme je darauf.

Zuhörer Nummer Elf ist ein Elf, wie man sich denken

kann. Gähnend lümmelt er auf seinem Sessel herum und plufft gemächlich Seifenblasen aus dem Mund, eine nach der anderen. Schillernd schweben sie hoch in die Kuppel des Versammlungsraums und zerplatzen dort in einem funkelnden Sternchenregen. So was können nur Elfen. Dermaßen gelangweilt aussehen, meine ich. Und das mit den Glitzerblasen aus Spucke natürlich auch.

Fehlt noch die Königin. Ohne Königin funktioniert nämlich gar nichts. Sie ist auch diejenige, die dem Rat seinen Namen gegeben hat. Als Chefin macht man das so, auch wenn der Alte Meister das nicht so recht einsehen will. Du kannst dir die Königin ein bisschen so vorstellen wie eine Schachfigur: oben Königin, unten Holz. Deswegen das *einhalb* bei Zwölf.

Nun bedeutet die Zahl Zwölfeinhalb ja zwölf plus noch ein Halbes dazu, richtigerweise müsste es also in unserem Fall *Elfeinhalb* oder *Halbzwölf* heißen. Aber weil alle fanden, die Zwölf ist eine schönere Zahl als die Elf, und sie sich sonst ›Rat der Halbzwölfer‹ hätten nennen müssen, was ja zugegebenermaßen irgendwie komisch klingt, hat man sich eben so geeinigt. Ach ja, fragst du dich nicht gerade, wie die Königin überhaupt ohne Beine gehen kann? Das kann sie tatsächlich nicht, sie schwebt, so einfach ist das.

Aber jetzt pscht, der Alte Meister ist endlich mit seiner Begrüßungsrede fertig.

»Einen riesigen, herzlichen, donnernden Applaus für die immer wieder gern gehörte, spannende, abwechslungsreiche und interessante Ansprache unseres sehr verehrten Alten Meisters«, sagt die Königin erleichtert in die dösige Stille hinein und wedelt unauffällig mit den Händen, damit auch jeder zumindest ein bisschen klatscht.

Müder Beifall kriecht durch den Raum. Der Elf gähnt, dass man sich fragt, ob er den Mund jemals wieder zubekommt, Herr und Frau Schukowski räuspern sich, wie es nur alte Leute können, die Hexenmädchen unterdrücken Gekicher, Mister Mädschik dehnt knackend seine Gelenke, Madame Acht blickt wie üblich tadelnd in die Runde, und die Königin ist mit allem sehr zufrieden. Alles ist genau, wie es sein sollte und immer schon war, jetzt muss sie nur noch das Wahlverfahren ankündigen.

»Leute, es ist wie immer. Die Maschine klongt, die Kugel dingelingt, nein, die Maschine dongst, die Kugel klingelingt, ist auch wurscht, jedenfalls fällt sie auf einen Namen und fertig, ihr wisst Bescheid, auf geht's!«, rattert sie herunter und schaut in die Runde.

Zustimmendes Gemurmel ertönt. Schließlich machen sie das alle hier wohl schon zum tausendsten Mal, nichts hat sich jemals geändert.

Die fünf kleinen Hexen springen auf und rollen die Kugel-Wahl-Dongsklingeling-Maschine herein, oder heißt sie Klongsdingeling?, ich komme selbst ganz durcheinander … Der Elf schwebt herbei, fischt die Wahlkugel aus seiner Tasche und lässt sie in die Maschine kullern. Madame Acht gibt acht, dass er es auch richtig macht, Frau Schukowski wischt mit dem Staubtuch über die Sichtscheibe, Herr Schukowski ölt den Mischhebel, Mister Mädschik vollzieht den Klingeldongs-Tanz, oder Dingelklongs-Tanz, da bin ich mir jetzt unsicher, ohne den die Maschine keinen Mucks macht, der Alte Meister nickt gnädig, und die Königin drückt auf *Play*.

Neugierig beugen sich alle Mitglieder des Geheimen Zwölfeinhalber-Rats nach vorne, um einen Blick auf die Sichtscheibe zu erhaschen.

Doch gerade als die Kugelwahlmaschine klackernd, schnaufend, dongsend und klingelnd zum Leben erwacht, verfängt sich der Bart des Alten Meisters in der Mechanik. Das kommt davon, wenn man ständig seinen Friseurtermin schwänzt, die frisselige Haarpracht ist eindeutig zu lang geworden.

Es knirscht und zischt, während der Alte Meister weh-

klagend an seinem Bart reißt. Die fünf kleinen Hexen jauchzen vor Schadenfreude, Frau Acht japst entsetzt, *ach, ach, ach, ach, ach*!

Die Maschine beginnt zu rauchen. Sie klingeldongt und dongelklingt nicht fröhlich wie immer, während sie die Wahlkugel des Elfen durch ihr Inneres schleudert, sondern sie rappelkeucht, klackerfaucht und rumpelröchelt.

Mit einem letzten quieksenden Seufzer spuckt sie dennoch einen Zettel aus.

Auf dem sollte jetzt der Name des nächsten Prüflings stehen, eines Prüflings aus dem Nebenland.

Der Zwölfeinhalber-Rat atmet auf. Das ist ja gerade noch mal gut gegangen …

Doch komplizierte Maschinen, die durch Spinat- und Schlumpf-Eis-Haare in ihrer Arbeit gestört werden, neigen dazu, seltsame Ergebnisse zu produzieren. Und in diesem Fall tut die Kugel-Wahl-Klongsdingeling-Maschine etwas, das sie noch nie zuvor getan hat:

Sie spuckt den Namen eines MENSCHENKINDES aus.

3

Der erste Brief

»Und, wer war's?«, ruft Mama aus dem Bad.

Jule hat es sich wieder auf ihrem Bett gemütlich gemacht und betrachtet das Papier in ihrer Hand. Es ist nur ein einziges Mal gefaltet. Doch sie wagt nicht, es aufzuklappen. Seltsamerweise fühlt es sich warm an und … knistert leicht, wie Brausepulver im Mund.

»Jule?«, ruft Mama.

Jule ist hin- und hergerissen. Sie kommt sich vor wie die Hauptperson in einem ihrer Bücher. Was soll sie Mama denn antworten? Es scheint, als ob gerade die Wahrheit gegen die Lüge, die Vernunft gegen die Magie und die Wirklichkeit gegen die Fantasie kämpft. Jule entscheidet sich für einen Kompromiss: Sie wird die halbe Wahrheit erzählen, drei Viertel der Magie und die komplette Fantasie weglassen.

»Da war so 'n verkleideter Jugendlicher«, ruft Jule also. »Mit einem Tattoo im Gesicht. Und der hat einen Zettel eingeworfen, wo draufsteht, dass man bei was mitmachen kann und dann was gewinnt.«

»Ach so«, ruft Mama zurück. »Kannst du gleich in den Müll tun.«

»Mhm …«, murmelt Jule. Dann faltet sie den Zettel auseinander und erwartet beinahe tatsächlich die Aufforderung zu einem Gewinnspiel, weil sie sich schon selbst nicht mehr glauben mag. Ist das an der Tür eben wirklich geschehen?

Doch der Brief in Jules Händen ist der Beweis. Und was für einer.

»Ohhh«, haucht Jule, als sie die glänzende Tinte der Schrift bemerkt, die sich wie flüssiges Spiegelglas über die Seite zieht.

Einladung zur
Prinzessinnenprüfung
Für Jule Paul, Menschenkind

1. Brief über das Prozedere
und die Personalsuche

*Wie jedes Jahr fällt der Rat der Zwölfeinhal-
ber in einem langwierigen, hoch technologi-
sierten Wahlverfahren die Entscheidung über
die Zulassung einer Kindsperson zur Prüfung hinsichtlich der legendären Verleihung
der Ehrenprinzessinnenwürde des Zauber-
reichs von Nebenland.*

Jule lässt den Brief sinken. Sie kann nicht wissen, dass
sich die komplizierten und unnötigen Satzverschwurbe-
lungen der Alte Meister höchstpersönlich ausgedacht hat.
    »Ehrenprinzessinnenwürde?« Jule zieht die Stirn in
Falten.
    Sie liest weiter.

*Zur Teilnahme berechtigt sind nur die zur
Teilnahme Berechtigten, siehe unten.*

Jule sieht unten nach und entdeckt wieder ihren eigenen
Namen. Sachte streicht sie mit dem Zeigefinger über die Buchstaben. Die Tinte ist noch
feucht und lässt sich verwischen. Ein
silberner Hauch bleibt auf ihrem
Finger zurück.

Sollte sich die zur Teilnahme Berechtigte zur Teilnahme bereit erklären, so sollte sie hier ankreuzen:

☐ *Ja, die zur Teilnahme Berechtigte will berechtigterweise teilnehmen.*
☐ *Nein, macht doch, was ihr wollt.*

Jule muss lachen. Auf keinen Fall wird sie *Nein* ankreuzen.

Die Nachricht über die Teilnahmeentscheidung sei an dem zuvorderst mit dem überbringenden Überbringerboten, Elf Clemens vom Stamm der Waldreben, vereinbarten Platze abzulegen.

Jule nickt. Die Fußmatte, daran kann sie sich erinnern.

Im Falle eines hübschen Kreuzchens bei JA sehen die Regularien fürderhin vor, dass insgesamt 7 (in Buchstaben: SIEBEN) Aufgaben zu lösen sind, ohne welche es dem Rat der Zwölfeinhalber nicht möglich sein wird,

die Ehrenprinzessinnenwürde zu verleihen.
Die teilnahmeberechtigte Prinzessinnen-
prüfungsanwärterin möge sich im Klaren
darüber sein, dass eine solche Ehre nur den
allerwenigsten zuteilwird.
Zur Verdeutlichung folgt sogleich ein
klitzekleines Rechenbeispiel:
Im deutschen Teil der Menschenwelt leben
ungefähr eineinhalb Millionen Mädchen
in deinem Alter. Jede Dritte hat schon mal
davon geträumt, wie es wäre, eine Prinzessin zu sein. Das sind fünfhunderttausend
Mädchen. Dass die Wahlkugel ausgerechnet
auf deinen Namen plumpst, ist völlig, total
und WAHNSINNIG unwahrscheinlich. So
unwahrscheinlich, wie es wäre, auf deinem
Fensterbrett fünf Krähen sitzen zu sehen,
wenn du jetzt einen Blick hinauswerfen
würdest

Jule kann nicht anders, sie muss aus dem Fenster schauen.
Aber was ist das? Auf dem schmalen Sims sitzen tatsächlich fünf Krähen, die sich bei dem Versuch, ihrerseits ins

Zimmer hineinzuspicken, krächzend schubsen und weg-
drängeln.

Jule schüttelt ungläubig den Kopf.

»Das, das, das …«, stammelt sie.

*Sollten dort zuuufällig doch fünf Krähen
sitzen, dann beachte sie nicht, denn sie ver-
hunzen mir meine gesamte Erklärung und
zählen nicht. Diese Krähen sind nämlich die
fünf kleinen Hexen, die bloß neugierig auf
das teilnahmeberechtigte Menschenkind sind,
und keine zufällige Vogelschar, falls du verstehst, was ich meine.*

Jule nickt und schüttelt den Kopf, fast gleichzeitig. Sie
versteht … halb irgendwie, aber das ist völlig egal.

*Mahnend und mit erhobenem Zeigefinger
sei der Ordnung halber strengstens darauf*

hingewiesen, dass die ganze Aktion nicht nur mit einem Krönchen und Ehre zu tun hat, wie Clemens das so schludrig dahergesagt hat, sondern ebensogleich mit Vertrauen: Über die geheimen, magischen Vorkommnisse sollst du nämlich Stillschweigen bewahren gegen Blödmänner aller Art, um dadurch das Nebenland vor Neugier, Spionage, Auskundschaftung und Tourismus zu bewahren.

Horch und merke:

Jemandem zu vertrauen, ist die größte Ehre, die man ihm zuteilwerden lassen kann.

Doch stopp jetzt, Ende Gelände, Schluss, aus, genug der tiefsinnigen Worte, hier kommt Aufgabe Numero 1 ..., liest Jule, als die Zimmertür aufgeht. Aus dem Augenwinkel registriert sie, dass die Krähen erschrocken Reißaus nehmen.

»Kann ich jetzt den Umschlag haben?«, fragt Luzie und kuschelt sich neben Jule aufs Bett. Sie duftet nach Baby-lotion und Himbeer-Shampoo.

»In zehn Minuten komme ich zum Gutenachtsagen«, ruft Mama.

Jule presst den Brief an sich.

Soll sie oder soll sie nicht …?

»Luzie«, flüstert sie, »ich muss dir was erzählen. Aber du darfst es niemandem verraten, okay?«

»Nee.« Luzie schüttelt bestimmt den Kopf. »Mama hat gesagt, dass wir auf so 'n Quatsch nicht reinfallen sollen. Wenn jemand sagt, wir dürfen was nicht erzählen, dann sollen wir's erst recht erzählen.«

»Ja, schon …«, gibt Jule zu, »aber das ist eine Aus-nahme.«

»Von wegen«, sagt Luzie und beginnt, ihre Brille mit einem Ohr von Jules Kuschelhasen zu putzen. »Darauf dürfen wir auch nicht reinfallen.«

Jule verdreht die Augen und bereut längst, dass sie überhaupt in Erwägung gezogen hat, ihre kleine Schwes-ter einzuweihen.

»Okay, ist auch egal, du kannst es Mama erzählen, sie glaubt dir sowieso kein Wort«, fällt Jule ein. »Es geht ja eh nur um ein Spiel.«

»Ach so …« Luzie schiebt sich die Brille zurecht. »Auf

deinem Fensterbrett sind übrigens gerade fünf Vögel gelandet«, sagt sie.

»Aha …?«, sagt Jule vorsichtig. »Und das findest du nicht seltsam? Also unwirklich oder so?«

»Nö, ich seh sie doch. Mit und sogar ohne Brille«, antwortet Luzie und späht über den Brillenrand hinweg.

»Und du würdest auch nicht lachen, wenn ich dir erzähle, dass ich grade einen Brief von einem Elfen bekommen habe und …«

»Elf-e!«, verbessert Luzie.

»Nee, das war so 'n jugendlicher Elf. Größer als ich. Vielleicht gibt's diese kleinen Schwirrdinger-Elfen aus den Bilderbüchern in echt gar nicht …«

Luzie prustet los.

»Es gibt keine Elfen, ja klar. Dann gibt's wohl auch nicht das Christkind und den Osterhasen, oder was? Ich hab doch auch schon mal einen Engel gesehen.«

»Echt?«, fragt Jule. Will Luzie sie auf den Arm nehmen? Doch ihre kleine Schwester sieht ihr nur erwartungsvoll entgegen. Jule ist da inzwischen schon ein bisschen misstrauischer geworden. Kein Mensch kann ihr noch weismachen, dass die Geschenke an Weihnachten wirklich vom Christkind … Aber andererseits, wenn ihr gestern jemand erzählt hätte, dass sie heute einen Brief aus dem Nebenland bekommt, in dem sie aufgefordert wird …

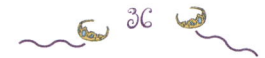

Jule atmet tief durch.

»Okay«, sagt sie. »Das Ganze ist so: Erst dachte ich, du hast den Brief geklaut, weil der Umschlag leer war, aber dann hat es geklingelt und … Jedenfalls hieß der Elf Clemens, und ich bin ausgewählt worden, um eine Prinzessin zu werden.«

»Kriegst du dann auch eine Krone?«, fragt Luzie, weil Prinzessinnen und Kronen zusammengehören wie Geburtstag und Torte oder Pommes und Ketchup.

Jule nickt und atmet auf. Eine Verbündete zu haben, ist wirklich sehr erleichternd.

Vorsichtig entfaltet Jule den Brief und liest ihn ihrer Schwester vor. Luzie nickt ernsthaft bei jedem Satz, ganz selbstverständlich, als würde Jule eine Einkaufsliste besprechen wollen.

»Ach so, das sind verwandelte Hexen!«, ruft Luzie bei der entsprechenden Stelle im Brief. »Ist doch klar! Ich mag Hexen.«

»*Hier kommt Aufgabe Numero 1 …*«, liest Jule weiter und legt einen Arm um ihre Schwester.

»Eigentlich ist es echt gemein, dass ich nicht ausgewählt worden bin«, flüstert Luzie.

»Ach, komm«, meint Jule, »wenn ich noch was anderes gewinne als eine Krone, teilen wir's uns.«

»Aber ich darf als Erstes aussuchen«, hält Luzie fest.

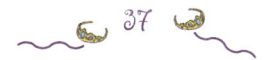

»Ich teile, du suchst aus«, bestätigt Jule, weil sie das immer so machen, wenn es was zu halbieren gibt.

»Dann ist ja gut«, sagt Luzie beruhigt.

»Also, die Aufgabe …«, murmelt Jule und sucht nach der Stelle im Brief.

Diese lautet:
Suche dir einen Diener. Punkt.

Ratlos lässt Jule den Brief sinken.

»Wo soll ich denn einen Diener herkriegen?«, fragt sie. »Siehst du, das ist der Mist mit den Preisausschreiben. Erst macht man sich die Mühe und liest alles durch, und ganz unten steht dann, dass es was kostet oder man seine E-Mail-Adresse angeben muss oder die Telefonnummer oder dass nur Erwachsene mitmachen dürfen oder ein Anruf hundert Euro kostet.«

»Wieso?«, fragt Luzie. »Deine Dienerin sitzt doch neben dir. Und jetzt lies weiter. Gleich kommt Mama und bringt uns ins Bett.«

Jule braucht eine Sekunde, bis der Groschen fällt.

»Cool«, sagt sie und knufft Luzie in die Seite. »Danke.«

»Ist doch logisch«, sagt Luzie. »Ich versteh gar nicht, warum du immer so kompliziert bist.«

Jule grinst und liest weiter.

Befehle deiner Dienerin nun, die von dir
als teilnahmeberechtigte Teilnehmerin un-
terschriebene Teilnahmeberechtigung zu de-
ponieren. Falls du demnach als ausgewählte
Anwärterin bereit bist, an der Prüfung
teilzunehmen, hast du dies mit deiner Unterschrift nun kundgetan und im Falle der Hin-
terlegung durch einen von dir ausgewählten

Diener hiermit auch schon die erste Prüfungs-
aufgabe auf dem Weg zur Ehrenprinzessin-
nenwürde bestanden. Glückwünsch!

»Jaaa!«, jubeln Jule und Luzie.

»Is' fertig?«, fragt Luzie.

»Nee, hier steht noch was«, erwidert Jule.

Weitere Anweisungen und Prüfungsaufgaben
folgen.

»Uff.« Jule lässt sich in die Kissen zurücksinken, während Luzie sich den Brief schnappt und versucht, einzelne Wörter daraus zu entziffern.

»He, guck mal, die Schrift verschwindet«, ruft sie.

Ungläubig beobachten die beiden, wie sich die einzelnen Buchstaben vom Papier abheben und nach und nach wie Wasserdampf verdunsten. Außerdem beginnt der Brief in Luzies Händen zu schrumpfen, bis nur noch ein kleiner Zettel übrig bleibt, auf dem *Ja, Nein* und ein Strich für Jules Unterschrift zu sehen sind.

»Willst du denn wirklich eine wütende Ernteprinzessin sein?«, hakt Luzie nach.

»Was?«, fragt Jule und angelt einen Bleistift von ihrem Nachttischchen.

»Ja, das stand doch da. Du kriegst die Ernteprinzessinnenwüte.«

»Ehren-prinzessinnen-würde. Ehrenwürde bedeutet, man wird irgendwie für etwas geehrt, das man mit Herz und Stolz macht. Deshalb wird einem eine Art Bewunderungspreis verliehen oder so. Ich muss zeigen, dass ich die Aufgaben richtig löse und dadurch würdig bin, eine Prinzessin zu sein. Oder so ähnlich jedenfalls.«

»Und wann musst du die Würde dann wieder zurückgeben?«, fragt Luzie.

»Warum zurückgeben?«

»Du hast doch gerade gesagt, dass man das ausgeliehen bekommt. Wie Büchereibücher.«

»Ach so …«, sagt Jule und denkt nach. »Ich glaube, das bleibt lebenslänglich. Solange man die Ehre bewahrt oder so.« Dann macht sie ein Kreuz bei Ja, schreibt ihren Namen auf die Linie und reicht Luzie den Zettel.

»Dienerin«, fordert sie ihre Schwester auf. »Los, lege die vom Teilnehmer bestätigte Teilnahmeberechtigung unter die Fußmatte.«

»Nö, ohne ›bitte‹ mach ich gar nix«, sagt Luzie und verschränkt die Arme.

Jule seufzt. Das kann ja heiter werden. Luzie ist bestimmt die lustigste, aber nicht die dienendste Dienerin, die sie sich hätte aussuchen können.

»Büüütte«, sagt Jule und klimpert mit den Wimpern.

Luzie grinst und huscht mit dem Zettel zur Haustür, während Jule sie vom Treppenabsatz aus beobachtet. Gerade noch rechtzeitig springen die beiden in ihre Betten, bevor Mama die Treppe heraufkommt.

Horch und merke, horch und merke, spukt es in Jules Kopf herum, als sie beim Einschlafen über die seltsamen Worte im Brief nachdenkt.

4

Der zweite Brief

Am nächsten Morgen beim Frühstück hört Jule heraus,
dass Luzie Mama die ganze Sache brühwarm erzählt
haben muss. Aber bevor sie anfangen kann zu schimpfen,
macht Luzie mit der Hand eine verschwörerische Beruhi-
gungsgeste.

»Tooolles Spiiiel, oder, Mama?«,
fragt Luzie, damit Jule gleich ka-
piert, wie ihre Schwester die
Wahrheit verpackt hat.

»Ja«, sagt Mama. »Wer wäre nicht mal gerne eine Prinzessin? Und Prinzessinnenehrenwürde finde ich ein klasse Wort, wie ist euch das nur eingefallen? Ach, ich hätte auch gerne eine Schwester gehabt.«

»Aber du hattest doch Onkel Thomas«, meint Jule und zwinkert Luzie zu. Sie muss zugeben, dass ihre kleine Schwester das Ganze geschickt eingefädelt hat. Jetzt weiß Mama halbwegs irgendwie Bescheid, und damit fühlt sich auch Jule wohler.

Während Mama eine lustige Geschichte aus ihrer Kindheit erzählt, huscht Jule kurz hinaus, um unter die Fußmatte zu sehen. Ja, der kleine Zettel ist weg, Clemens muss noch mal da gewesen sein. Und gerade als Jule die Fußmatte wieder loslassen will, entdeckt sie einen winzigen grünen Farbfleck auf dem Boden. Jule bekommt ein kribbeliges Gefühl im Bauch. Nein, sie hat das alles nicht geträumt, auch wenn sie sich das den ganzen Morgen eingeredet hat.

Und Jule ahnt nicht das Geringste davon, dass sie bereits auf dem Schulweg die Bekanntschaft mit zwei weiteren Zwölfeinhalber-Rat-Mitgliedern machen wird.

Zwei Straßen weiter wohnt Sofie, Jules Schulfreundin, bei der sie jeden Morgen vorbeigeht, um sie abzuholen. Heute schlendert Jule jedoch ziemlich gedankenverloren den Gehweg entlang. Sie kann an gar nichts anderes mehr denken als an die seltsamen Vorkommnisse. Es ist ein überaus komisches Gefühl, auf einmal nicht mehr zu wissen, was man glauben soll und was nicht.

»Wie damals, als die Leute erfahren haben, dass die Erde keine Scheibe ist, sondern eine Kugel«, murmelt Jule vor sich hin, weil Frau Himmelreich davon gestern im Unterricht erzählt hat. Sie bückt sich, um zwei Regenwürmer aufzuheben, die sich hilflos auf dem Gehweg ringeln und weder vor noch zurück kommen.

»Ach, Wurmis, wo wolltet ihr denn hin?«, fragt Jule und betrachtet die Tiere, die sich Halt suchend um ihren Finger winden, interessiert.

Jule läuft ein paar Schritte und setzt die Würmer ins Gras eines Vorgartens. »So, hier ist es schön feucht«, sagt sie und geht weiter.

Sofie steht schon an der Laterne und winkt.

»Danke für die Rettung«, hört Jule da eine Stimme sagen.

Jule lacht. Na, das hat ja jetzt gepasst, es klang, als ob sich die Regenwürmer bedankt hätten. Lächelnd schaut sie über die Schulter zurück, um herauszufinden, wer da gesprochen hat. Doch es ist nur ein altes Ehepaar zu sehen, das umständlich und einander helfend über die kleine Buchsbaumhecke aus dem Vorgarten klettert.

»Sehr freundlich, dass du nicht auf uns getreten bist«, sagt die Frau und streicht sich ein wenig Erde vom Rock.

»Wie bitte?« Jule bleibt stehen. Wo kommen denn diese Leute auf einmal her?

»Die Regenwürmer«, sagt der Mann und nickt in Richtung Garten.

»Ich trete nie auf Regenwürmer«, sagt Jule entrüstet.

»Eben, eben«, meint er und kratzt sich zufrieden seinen kahlen Kopf. Dieser wird von fünf schwarzen Fliegen umschwirrt. Wie Raumschiffe, die einen Planeten umkreisen. Jule muss sich ein Grinsen verkneifen.

»Dann fürchtest du dich auch überhaupt nicht vor Würmern und Schlangen?«, hakt er nach.

»Ratten, Mäusen, Spinnen?«, ergänzt seine Frau.

Jule beginnt, sich unwohl zu fühlen. Was ist das bloß für ein seltsames Gespräch, das sie hier mit zwei Fremden führt?

»Jule, kommst du?«, hört sie Sofie ungeduldig rufen, und Jule wendet sich erleichtert zum Gehen. Sie soll sowieso nicht mit fremden Leuten reden, auch wenn sie aussehen, als könnten sie keiner Fliege etwas zuleide tun. Gleichzeitig macht in Jules Kopf etwas *klick*. Fliegen – fünf? Blitzschnell guckt Jule sich noch mal um. Am Blu-

senkragen der alten Dame blitzt etwas auf. Eine Brosche mit derselben verschlungenen Zahl in Gold, die auch der Elf getragen hat.

»Sie sind vom …«, stottert Jule ungläubig und bemerkt, wie Sofie ihr entgegenläuft.

»Beeil dich, wir kommen zu spät«, ruft sie.

»… Rat der Zwölfeinhalber, ja«, flüstert die Frau. Sie beugt sich zu Jule und wedelt eine Fliege beiseite. »Immer diese Gören«, murmelt sie.

»Schukowski, unser Name. Hier, nimm, die zweite Aufgabe. Ich glaube, sie wird keine große Herausforderung für dich«, sagt sie und reicht Jule einen Umschlag. Er ist goldfarben, wie der erste auch.

Jule greift nach dem Brief, stopft ihn in den Turnbeutel und rennt los.

»Wer waren die?«, will Sofie wissen.

»Keine Ahnung«, schwindelt Jule. »So alte Leute halt«, ergänzt sie und fühlt die Hitze des Umschlags durch den Turnbeutel hindurch. »Sie wollten wissen wo … jemand wohnt, aber den kannte ich nicht …«

Oje, wie soll sie bloß den Schultag überleben, wo sie doch jetzt schon vor Neugier beinahe platzt?

Als Jule fest davon überzeugt ist, dass sie es wirklich keine Sekunde länger aushält, und sich vornimmt, in der nächs-

ten Pause mit dem Brief auf die Toilette zu verschwinden, bekommt die Klasse ungewöhnlichen Besuch: Alle sitzen gerade im Stuhlkreis zusammen, als zwei kleine graue Mäuse quer durchs Klassenzimmer huschen!

Quiekend ziehen ein paar Schüler die Füße hoch, und die Mäuse erklimmen das Pult der Lehrerin, wechseln auf die Stuhllehne und machen es sich dann auf der Kreide-ablage der Tafel bequem. Von dort scheinen sie die Klasse prüfend zu betrachten. Für einen winzigen Moment ist es mucksmäuschenstill. Doch dann springen die Kinder kreischend auf ihre Stühle, und Frau Himmelreich stürzt zum Abstellschrank, um mit einem Besen bewaffnet zur Tafel zurückzukehren.

»Halt!«, ruft Jule und kann Frau Himmelreich gerade noch überholen. »Das sind doch nur zwei Mäuse.« Die kenne ich, kann sie sich im letzten Moment verkneifen zu sagen.

Vorsichtig ergreift sie Herrn und Frau Schukowski, öff-net das Fenster und setzt die beiden auf dem Sims ab. Fünf Marienkäfer tummeln sich dort und verkriechen sich eilig unter ein Blatt.

»Oh Mann«, murmelt Jule, »ihr macht mich fertig.«

»'tschuldigung«, erwidert Frau Schukowski und sieht sie mit ihren glänzenden kugelrunden Mäuseaugen an. »Ist Teil der Prüfung.«

»Und, habe ich bestanden?«, wispert Jule hektisch.

Denn logischerweise ist hinter ihr im Klassenzimmer begeistertes Chaos ausgebrochen, und ihre Schulkameraden drängeln sich neben sie, um die Mäuse auf dem Fensterbrett zu betrachten. Jule wird geschubst und weggedrückt, sodass sie Frau Schukowskis Antwort nicht mehr hören kann.

Aber sie hat kein gutes Gefühl. Fürchten sich Prinzessinnen nicht eigentlich vor Mäusen? Springen sie nicht kreischend und nach Luft schnappend auf einen Stuhl und brüllen ihre Diener herbei? Fast die ganze Klasse hat prinzessinnenhafter reagiert als sie selbst! Auf keinen Fall würde eine echte Prinzessin auch Regenwürmer anfassen. Nein, diese Prüfung kann sie unmöglich bestanden haben.

Aber Spinnen, fällt Jule ein. Spinnen findet sie leider ziemlich gruselig. Oder zum Glück? Das kann man bei dieser verrückten Sache ganz schlecht einschätzen. Jule beschließt, es wenigstens zu versuchen.

»Spinnen, die kann ich überhaupt nicht leiden«, flüstert Jule Herrn und Frau Schukowski zu, bevor die Lehrerin mit einem energischen Ruck das Fenster schließt.

»So, jetzt alle wieder hinsetzen«, ruft Frau Himmelreich und scheucht die Kinder auf ihre Plätze. Dann schüttelt sie sich. »Brrr. Prima gemacht, Jule. Ich hätte nie gedacht,

dass die Mäuse sich einfach so nehmen lassen. Wie hast du das nur angestellt?«

Jule zuckt mit den Schultern. Was soll sie auf diese Frage auch antworten?

Heute ist der Tag, an dem Jule nach der Schule Luzie aus dem Kindergarten mit nach Hause nimmt. Ganz gegen ihre Gewohnheit steht Luzie diesmal schon fix und fertig angezogen an der Tür und wartet auf ihre große Schwester.

»Und?«, fragt Luzie ungeduldig, als sie loslaufen.

»Ich habe einen neuen Brief gekriegt«, flüstert Jule und zieht Luzie zu der Bank unter dem großen Kastanienbaum.

»Mach schon«, sagt Luzie aufgeregt und grapscht nach dem Umschlag. »Der ist wieder für mich.«

»Aber dann hast du schon zwei«, protestiert Jule und versucht, ihn Luzie wegzuschnappen.

»Dafür wirst du Prinzessin«, entgegnet Luzie und beugt sich über den Brief.

»Kopf weg, ich kann nichts sehen«, schimpft Jule gutmütig.

Wieder ist die Schrift silbern, doch diesmal ist das Papier mitternachtsblau.

Jule fährt bewundernd über die Buchstaben. Gleichzeitig rauschen die Blätter des Baumes, als wäre eine Hand auch durch sie hindurchgefahren.

»Für Jule Paul, Menschenkind ...«, liest Jule.

2. Brief über den Umgang mit gewissen Untertanen

Jule, Anwärterin der Ehrenprinzessinnenwürde, seid gegrüßt. An dieser Stelle, also nach
dem gegrüßt, solltest du anheben, majestätisch
und würdevoll mit dem Haupte, womit dein
Kopf gemeint ist, zu nicken, denn dies werten
wir als Zeichen deiner Bereitschaft, fürderhin
und wiewahr immergleich bereit zu sein.

»Hä?«, macht Luzie.

Jule hält inne, um ebenfalls über den irgendwie holprigen Satz nachzudenken. Den muss sie unbedingt noch mal lesen. Doch hoppla, wo ist denn plötzlich der Rest des Textes hin? Eben war doch noch die halbe Seite voll …

»Oh nein, hast du das gesehen?«, fragt Jule und starrt auf das Papier. Luzie nickt enttäuscht.

»Flutsch, weg. Vielleicht, weil Sonne draufgekommen ist?«, sagt Jule.

Luzie schlenkert ungeduldig mit den Beinen.

»Doof, jetzt ist alles gelöscht. Aber mach halt wenigstens endlich, was da stand«, fordert Luzie sie auf.

»Was denn?«, fragt Jule.

»Na, nicken, hast du doch vorgelesen«, ruft Luzie empört über so viel Begriffsstutzigkeit. »Am besten, du winkst auch noch gleich.« Luzie hebt die Hand und winkt mit seitlichen Wippbewegungen zwei großen Dalmatiner-Hunden zu, die ganz allein auf dem Gehweg vorbeispazieren. »So machen das echte Prinzessinnen, hab ich im Fernsehen gesehen.«

Jule atmet auf. Gut, dass sie ihre Dienerin hat. Vor lauter Panik, dass der Text verschwunden ist, hat sie gar nicht mitgedacht. Jule richtet sich kerzengerade auf und beginnt so hoheitsvoll zu nicken, dass ihr selbst ganz majestätisch zumute wird.

»Cool«, bestätigt Luzie beeindruckt. »Es sieht aus, als ob du über was Wichtiges nachdenkst.«

Jule kichert, und im selben Moment füllt sich der Brief wieder mit Buchstaben. »Ja!«, rufen die beiden erleichtert und stecken die Köpfe wieder zusammen.

Doch gerade als Jule weiterlesen will, sieht sie etwas vor sich aufblitzen. An fünf glitzernden Fäden seilen sich fünf knubbelige schwarze Spinnen ab und verharren direkt vor Jules Nasenspitze. Sachte bewegen sie sich an den Fäden im Wind.

»Wuah!«, macht Jule erschrocken und zuckt entsetzt zurück. Ihr Herz sendet wummernde Schläge bis in den Hals hinauf, sie möchte am liebsten von der Bank aufspringen und weglaufen. Als sie stattdessen versucht, sich so weit wie möglich nach hinten zu lehnen, stößt sie mit dem Kopf an den Baumstamm. »Aua!«, jault sie.

Luzie geht mit dem Gesicht ganz nah an die Fäden heran. »Es sind fünf, ist ja witzig«, stellt sie unerschrocken fest und pustet sanft dagegen.

»Okay«, japst Jule, als ihr klar wird, was das zu bedeuten hat. »Fünf«, wiederholt sie und atmet tief durch. »Die Hexenschwestern«, sagt sie und greift nach Luzies Hand. »Ich brauche keine Angst zu haben.«

»Braucht man vor Spinnen eh nicht«, sagt Luzie. »Die sind doch süß.«

Jule erschaudert und rührt sich nicht vom Fleck. Langsam beginnen die Spinnen, an ihren Fäden nach oben zu krabbeln, und verschwinden in den Blättern. Wenig später flattert eine Gruppe Spatzen schnatternd aus dem Baum und fliegt davon.

»Lie-his«, fordert Luzie Jule auf.

Das prinzessinnenhafte Nicken ist dir aufs Beneidenswerteste gelungen. Es freut mich, verkündigen zu dürfen, dass beschlossen wurde, dir die zweite Tacke in deiner Krone zu verleihen. Die erste Tacke hat man dir übrigens gestern schon zugeteilt, fürdar wegen der Aufgabe mit dem Diener, aber jedoch vergaß ich dies zu erwähnen.

Die zweite Tacke steht für Respekt vor Geviechzeug aller Art, und davon gibt es bekanntlich eine Menge. Ob haarig, glibbrig, hübsch, hässlich, schlangenglatt oder krötenwarzig, ein jedes Tierchen sei einer Prinzessin willkommen.

Jule rutscht ungemütlich hin und her und lässt den Brief sinken. Ach, darum ging es! Nicht erschrecktes Gezeter,

sondern Tierliebe. Doch ganz kann sie dem Alten Meister trotzdem nicht zustimmen. Sie hätte doch um ein Haar vor den Spinnen Reißaus genommen, wenn Luzie sie nicht gerettet hätte! Und dann wäre die ganze Prüfung im Eimer gewesen. Und vor Mäusen und Regenwürmern ekelt sie sich nun mal kein bisschen. Jetzt kriegt sie eine Zacke, und es fühlt sich ein wenig an wie geschummelt.

»Darf ich?«, fragt da eine Dame in einem langen dunkelroten Samtkleid und lässt sich ächzend neben die Kinder auf die Bank plumpsen. Aufatmend stützt sie sich auf einen Schirm. Auf ihrem Kopf wippt ein riesiger Hut mit allerlei Federn und Blüten. Luzie und Jule machen große Augen. Ob sie eine Schauspielerin ist?

»Aber nein!«, beantwortet Madame Acht ihre stumme Frage. »Madame *Acht*, mein Name. Und nun gib gut *acht*, Jule Paul, Menschenkind. Diese ganze N*acht*aktion mit der kaputten Klongsdingeling-Maschine und dem un*acht*samen Schlumpfbart vom Alten Meister br*acht*e meinen ganzen Rhythmus durcheinander, ist gegen die Regel, die Vorschrift und fast alles andere auch. Doch einmal angef*acht*, muss der Vorgang *acht*sam durchgeführt werden, darauf *acht*e ich mit Bed*acht*.«

Jule nickt, und Luzie tastet nach der Hand ihrer Schwester. Die Frau ist unheimlich und spannend zugleich. Bei jedem Wort, in dem ›acht‹ vorkommt, macht sie beim

Sprechen einen Hüpfer, so wuchtig lässt sie die Buchstaben aus ihrem Mund rollen.

»Kraft meiner Vollm*acht* teile ich dir also mit, dass dir die zweite Zacke ernsthaft *lacht*, denn du hast die Prüfung in Wirklichkeit gerade erst gem*acht*. Nur deine Ehrlichkeit hat diese M*acht*, doch verwend' sie s*acht*. So«, die Dame klatscht in die Hände und sieht Jule herausfordernd an.

»Es ist vollbr*acht*.«

»Ah …«, sagt Jule unsicher.

»Okay, danke«, mischt sich Luzie ein. »Also wir haben jetzt zwei Zacken, ja? Und wie viele kommen noch?«

Madame Acht blinzelt verwirrt. Dass sie sich auch noch mit der Dienerin auseinandersetzen muss, war nicht angedacht.

»Für wahre Pracht braucht man eigentlich acht«, erklärt sie. »Wir haben aber nur sieben – goldene Briefe. Zwei sind schon gemacht, der dritte folgt heut Nacht.«

»Gut, in Ordnung«, sagt Luzie geschäftsmäßig, obwohl sie kein Wort verstanden hat, das waren einfach zu viele Zahlen statt einer klaren Antwort.

Doch Madame Acht beschleicht das zufriedene Gefühl, dass die Kugel-Wahl-Klongsdingeling-Maschine vielleicht doch das richtige Menschenkind ausgewählt hat; deren Dienerin ist zumindest schon mal ganz pfiffig.

»Zwei, acht, sieben, drei …«, wispert Luzie Jule zu, »ja, was denn jetzt?«

Aber das hört Madame Acht schon nicht mehr. Sie ist dabei, ihren Hut hoch über den Kopf zu heben und auf eine Brise zu warten. Als die kommt, rauschen die Blätter, der Hut hebt sich langsam in die Luft, und Madame Acht schwebt davon. Ungläubig sehen Jule und Luzie ihr nach.

»Was gibt's denn da Interessantes zu gucken?«, fragt Luzies Erzieherin plötzlich, die auf dem Weg zu ihrem Auto ist. »Solltet ihr nicht langsam mal nach Hause gehen?«

»Doch, aber da war … da ist …«, druckst Luzie herum.

58

»… ein seltener Vogel«, ergänzt Jule, springt auf und zieht ihre Schwester mit sich.

»Schön! Bis morgen«, ruft die Erzieherin ihnen nach.

»Ich will auch so 'n Hut«, sagt Luzie.

»Sie ist geschwebt!« Jule hat ganz rote Wangen vor lauter Verwirrung. »Und Frau Roth hat überhaupt nichts gesehen, dabei war diese Madame Acht quasi direkt über uns.«

»Deswegen ja«, sagt Luzie.

Dann holt sie ihre Brotdose hervor und macht sich über den Rest ihres Frühstücks her.

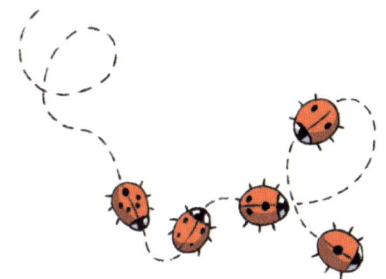

5

Der dritte Brief – Erster Teil

»Hat die fliegende Frau gesagt, du kriegst den Brief heute Nacht?«, hakt Luzie nach, als die beiden kurz vorm Schlafengehen auf Jules Bett sitzen und immer wieder die Umschläge betrachten.

Jule nickt zerstreut. »Du, Luzie«, sagt sie. »Später, wenn wir mal groß sind, dürfen wir das nie jemandem erzählen, sonst halten die uns für verrückt.«

»Warum?«, will Luzie wissen.

»Weil das gerade alles gar nicht wirklich passiert«, erklärt Jule.

»Ha, doch!«, widerspricht Luzie.

»Aber anders«, sagt Jule. »Also ich habe mir das so überlegt: Allerhöchstwahrscheinlich gibt's diese ganzen Zauberreiche und Elfenwälder und so weiter überhaupt nicht, denn Erwachsene reden nie davon. Warte …«, sagt

Jule, als Luzie schon protestieren will. »Aber das weiß ich eben nicht hundertprozentig. Es KANN sie ja auch geben. Aber was ich ABSOLUT weiß, ist, dass Menschen nicht fliegen können, wenn sie sich an Zauberhüten festhalten. Ich bin mir ganz sicher, das hätte schon mal jemand rausgefunden. Und dann würden es nämlich alle tun.«

Luzie zieht die Nase hoch und nickt. Da hat Jule leider recht.

»Also passiert das alles zwar gerade echt«, Jule tippt auf die goldenen Umschläge, »aber irgendwie doch hier drin«, jetzt zeigt Jule auf ihren Kopf.

Luzie zuckt die Achseln. »Erinnere mich später noch mal dran«, sagt sie und springt auf, »wenn wir erwachsen sind.«

Jule grinst und lässt sich in die Kissen fallen. Wie soll sie heute Abend nur einschlafen können? Sie wird die ganze Nacht wach bleiben, aus dem Fenster schauen und gleichzeitig auf das Klappern des Briefkastendeckels lauschen.

»Nix ohne mich aufmachen …!«, ruft Luzie aus ihrem Zimmer herüber.

»Schweig, Dienerin«, erwidert Jule und hört, wie Luzie kichert.

Tatsächlich wälzt sich Jule später unruhig im Bett hin und her. Je mehr sie versucht einzuschlafen, desto wa-

cher wird sie. Was wird wohl die nächste Prüfung sein? Und was ist, wenn sie eine wirklich mal nicht besteht? Kriegt sie dann Ärger? Oder sind alle enttäuscht? Darf sie sie wiederholen, oder ist sie sofort durchgefallen? Jule verspürt einen kleinen Stich im Bauch, genau wie vor Klassenarbeiten. Sie schlägt die Decke zurück, nimmt ihr Kopfkissen und legt sich andersherum ins Bett. Manchmal hilft das ja tatsächlich beim Einschlafen.

Eine ganze Weile starrt sie an die Decke.

Plötzlich beginnt sich das alte Mobile zu bewegen, das dort noch immer hängt, obwohl sie längst zu alt dafür ist. Gleichzeitig schickt der Mond einen silbernen Strahl ins Zimmer, und Jule kann erkennen, was die weißen Glitzerponys so in Schwung gebracht hat: Fünf kleine Feen jagen sich kichernd auf ihnen im Kreis wie in einem Kinderkarussell.

Doch noch bevor Jule aufspringen kann, um sich das magische Treiben aus der Nähe anzusehen, spürt sie, wie sie urplötzlich so müde wird, dass sie die Augen kaum mehr aufhalten kann.

Nur einen Moment später ist Jule eingeschlafen.

»Mist!«, ruft Jule, als Mama sie am nächsten Morgen wach
streichelt.

»Was ist denn passiert, Schatz?«, fragt Mama besorgt.

»Ich bin eingeschlafen«, schimpft Jule mit sich selbst.

Mama nickt. »Das war der Sinn der ganzen Aktion mit
dem Bett und dem Schlafanzug und dem Zudecken und
der …«

Jule rollt mit den Augen, und Mama geht lachend hi-

naus, um auch Luzie zu wecken. Sofort springt Jule aus dem Bett und klettert auf ihren Schreibtisch, um aufs Fensterbrett sehen zu können.

»Nix«, haucht sie enttäuscht.

Da drängelt sich Luzie neben sie.

»Och …«, mault sie.

»Hallo?« Verwundert kommt Mama ins Zimmer und pflückt Luzie vom Schreibtisch. »Was soll denn das?«

»Keine Ahnung«, murmelt Jule unglücklich und tapst ins Bad.

Als sie zurückkommt, um sich anzuziehen, wirft sie einen unsicheren Blick auf das Mobile. Doch nichts daran verrät, dass tatsächlich fünf Feen auf den Pferdchen geritten sind.

Auf dem Weg zur Küche sieht sie trotzdem rasch in den Briefkasten und hebt auch die Fußmatte vor der Haustür an, doch auch dort ist keine Mitteilung aus dem Nebenland für sie deponiert.

»Heute ohne Schulranzen?«, fragt Mama, weil Jule den normalerweise immer gleich mit runternimmt.

»Arr!«, jault Jule missmutig und läuft stampfend die Treppe wieder hinauf.

Als sie rasch noch ein vergessenes Heft aus der Schublade zieht, nimmt sie eine Bewegung am Fenster wahr. Dann klopft es leise an die Scheibe.

»Ha, ha«, sagt Jule und packt, ohne aufzusehen, weiter ihre Sachen zusammen.

»Jule!«, drängelt Mama von unten.

»Ich komme schon«, ruft Jule.

Pong, PONG!, macht es erneut, und da muss Jule einfach hinsehen.

»MACH. AUF«, grimassiert der grüne Junge und klippt sich die Kopfhörer um den Hals.

Jule erstarrt. Ein ganz winziges, klitzekleines bisschen hätte sie eventuell wieder mit fünf Vögeln gerechnet, nein, darauf gehofft, aber nicht mit Clemens!

Da ist doch überhaupt kein Balkon vor meinem Fenster, denkt Jules Gehirn aus Gewohnheit, weil es fliegende Elfen einfach noch nicht abgespeichert hat. Doch man sieht sogar die schwirrenden Bewegungen der Flügel!

Jule erklimmt den Schreibtisch, räumt hastig ihre Elefantensammlung beiseite und öffnet das Fenster.

»Komme gleich!«, ruft sie sicherheitshalber noch mal laut, und der Elf zuckt erschrocken zurück.

»Ups, das war für Mama«, sagt Jule entschuldigend und versucht, Clemens nicht allzu neugierig anzustarren. Was ihr ziemlich schlecht gelingt.

»Alter!«, sagt Clemens und tastet seine Taschen ab. »Ich dachte schon, ich muss doch noch klingeln.« Dann zieht er grinsend den Rucksack von der Schulter. »Wo habe ich

ihn denn nur …? Du, sorry übrigens, dass ich nicht schon heute Nacht da war, aber …«, der Elf senkt die Stimme und kommt noch etwas näher herangeflogen, sodass Jule sehen kann, wie die Ranke in seinem Gesicht, tja, vor sich hin rankt, sich streckt und reckt, als ob sie lebendig wäre, »… da war diese sensationelle Elfen-Party beim Stamm

der Waldmeister, und da konnte ich einfach nicht früher gehen, verstehst du?«

Jule nickt sicherheitshalber und beobachtet, wie eine der Blüten …

»… Clematis heißen die«, erklärt Clemens,

… langsam ihre lilablauen Blätter entfaltet.

»Ah, da ist er«, sagt Clemens und hält Jule einen goldenen Brief hin. »Diesmal mit Inhalt.« Clemens lacht und gähnt gleichzeitig. »So, ich muss mich aufs Ohr hauen. Und pscht, verrate mich nicht. Ach so, die Prüfung ist voll easy, du kannst ganz gechillt sein.« Dann klopft der Elf Jule zuversichtlich auf die Schulter, setzt sich die Kopfhörer auf die spitzen Ohren, gähnt erneut und fliegt davon.

»Julchen«, schimpft Mama in diesem Moment von der Tür. »Komm sofort da runter, das ist gefährlich!«

»’tschuldigung«, japst Jule erschrocken, knallt das Fenster zu, klettert vom Schreibtisch, lässt unauffällig den Brief in den Schulranzen gleiten und stürmt an Mama vorbei nach unten.

»Du bist da ja ganz grün«, sagt Mama und wischt über Jules Schulter, als sie ihr wenig später in die Jacke hilft.

»Is’ bestimmt bloß Elfenschleim«, ruft Luzie mit vollem Cornflakes-Mund aus der Küche.

Mama drückt Jule an sich und hastet dann in die Küche zurück. »Warte, deine Trinkflasche«, sagt sie und steckt

Jule das Getränk in die Außentasche des Ranzens. »Und hier, iss auf dem Weg wenigstens noch ein Brot. Pass-auf-dich-auf-und-komm-gesund-wieder«, ruft sie zum Abschied wie jeden Morgen.

»Soso, Clemens war also auf einer Party«, keckert ein Spatz frech vom Baum, als Jule ein paar Schritte gelaufen ist. Erleichtert bleibt Jule stehen und sieht grinsend in die Zweige, statt sich zu wundern. Langsam bekommt sie Übung!

»Sollen wir ihn verpetzen?«, zwitschert ein anderer. »Drüber schwätzen, ihn hetzen, schließlich sind wir Hexen!«

»Nein!«, ruft der nächste.

»Quatsch!«, ein weiterer.

»Ist doch viel besser, dass wir jetzt sein Geheimnis wissen«, tschilpt der fünfte schadenfroh.

Schnatternd, zwitschernd und tscheckernd flattert der kleine Schwarm zum nächsten Baum weiter.

»Pscht!«, ruft Jule in die Zweige, Sofie wartet da vorne schon auf sie. »Nicht so laut. Und ihr dürft ihn nicht verraten, das wäre gemein.«

»Aber ein bisschen gemein macht Spaß«, kichern die Spatzen. »Bisschen gemein, geheim, daheim. Hexenschwestern in Spatzennestern, lästern gestern und auch

morgen, mach dir da mal keine Sorgen!« Tschilpend wechseln die fünf den Ast.

Jule nimmt einen letzten Bissen von ihrem Brot und legt den Rest auf eine Mauer.

»Für euch«, sagt sie und winkt ihrer Freundin. »Gemein sein macht übrigens hässlich«, fügt sie listig hinzu.

»Was? Wieso? Warum?«, krakeelen die Spatzen aufgeregt durcheinander. Jule zuckt mit den Schultern und kann sich ein Grinsen nicht verkneifen. Da hat sie ja genau ins Schwarze getroffen.

»Hi, Sofie«, begrüßt sie ihre Freundin. »Sag mal, warum sind gemeine Leute eigentlich meistens echt hässlich?« Aus den Augenwinkeln kann Jule sehen, wie fünf Blätter vom Baum fallen und, wie durch einen Windhauch getragen, neben ihnen herwirbeln.

Sofie denkt eine Weile nach. Dann zieht sie Jule an ein Schaufenster.

»Guck, wie man aussieht, wenn man was echt Fieses denkt«, sagt sie.

Jule und Sofie beginnen, Fratzen zu machen, und betrachten ihre Gesichtszüge dabei in der spiegelnden Scheibe.

»Gemeine Gedanken gehen irgendwie durch die Haut nach draußen, stell ich mir vor«, sagt Sofie. »Und davon kriegt man dann halt so 'n hässliches Hexengesicht.«

»Habt ihr das gehört?«, fragt Jule laut.

»Was?«, meint Sofie verwirrt.

Doch da hält Jule ihre Freundin am Arm fest.

»Guck mal«, flüstert sie und zeigt auf fünf große schwarze Krähen, die irgendwie bedrückt auf einem Dachfirst sitzen und die Köpfe hängen lassen.

»Sie sehen ja richtig traurig aus«, stellt Sofie erstaunt fest.

Jule schüttelt den Kopf.

»Die denken bloß nach«, sagt sie bestimmt.

Und da sind die beiden auch schon beim Briefkasten angekommen, wo sie sich wie immer an der Hand nehmen und gemeinsam den letzten Rest zur Schule rennen.

6

Der dritte Brief – Zweiter Teil

Als es zur großen Pause klingelt, versucht Jule möglichst unauffällig, den goldenen Briefumschlag in ihre Hosentasche zu stopfen, damit sie ihn gleich auf dem Schulklo lesen kann. Doch natürlich passt er nicht hinein, und Jule will ihn auf keinen Fall knicken. Deshalb zieht sie rasch ihren Pullover hoch und klemmt den Umschlag zwischen Hosenbund und Unterhemd, wo er sofort den Bauch wärmt. Erstaunt hält Jule für einen Moment inne, um das wohlige Gefühl zu genießen. Als sie ihre Brotdose und die Getränkeflasche aus dem Ranzen geholt hat, merkt sie, dass sich das Klassenzimmer bereits geleert hat. Auch Sofie ist schon mit den anderen hinausgegangen.

»Jetzt aber schnell«, murmelt Jule, weil Frau Himmelreich es nicht leiden kann, wenn sie *jeden einzelnen Schüler zur Frischluftschnapp-Pause persönlich raustragen* muss,

wie sie immer sagt, und bestimmt gleich zur Kontrolle kommt. Jule ist schon auf dem Weg zur Tür, da lässt sie ein Geräusch innehalten. Jule steht ganz still und lauscht. Ja, es kommt aus dem Klassenzimmer. Hinter dem Lesesofa, weint da jemand?

Als Jule nachsieht, entdeckt sie …

»Therese?« Jule geht in die Knie und kriecht ebenfalls in das Versteck. »Warum weinst du?«, flüstert sie und setzt sich neben sie. Ausgerechnet Therese, wo sie doch morgen Geburtstag hat und ihn zum allerersten Mal mit Freundinnen feiert. Da ist man doch normalerweise voller hibbeliger Vorfreude.

»Egal«, schluchzt Therese und wischt sich mit dem Ärmel über die Augen.

»Okay«, sagt Jule, macht ihre Brotdose auf und reicht Therese einen Apfelschnitz. Eine Weile kauen sie schweigend, und langsam versiegen Thereses Tränen.

»Ich freue mich schon auf deine Party«, flüstert Jule, um sie aufzumuntern, doch da beginnt Therese wieder zu weinen.

»He!«, sagt Jule betroffen.

»Findet nicht statt«, schnieft Therese. »Schon wieder nicht. Mama muss arbeiten.« Therese legt den Kopf auf ihre Arme und heult zwischen die Knie.

»Oh nein!« Jule würde am liebsten mitweinen. Therese

hat bis jetzt noch nie eine Geburtstagsfeier machen dürfen. Immer kam etwas dazwischen, doch dieses Jahr hat
sie das erste Mal selbst gebastelte Einladungskarten verteilt und spricht seit Wochen von nichts anderem.

»Mist«, sagt Jule, und Therese nickt.

»Dann verschiebst du es einfach«, schlägt Jule vor.

»Also, mein Geburtstagsgeschenk ist noch eine Weile

haltbar«, sagt sie und denkt an die Schuhschachtel, die sie mit buntem Papier und Brausebonbons beklebt hat und in der ein Mandala-Malbuch und ein Prinzessinnen-Glitzerduschschaum liegen. Plötzlich wird es wieder warm an ihrem Bauch, und sie hat das verwirrende Gefühl, dadurch daran erinnert worden zu sein, einen wichtigen Gedanken noch ein wenig weiterzuverfolgen.

»Geht nicht«, antwortet Therese. »Mama hat dann keine Zeit mehr …« Sie seufzt tief, und Jule nickt mitleidig. Bei Therese zu Hause ist es immer irgendwie schwierig …

Wieder wird es warm an Jules Bauch, und sie schüttelt unwirsch den Kopf.

Ich kann jetzt nicht, denkt sie bestimmt und hofft, dass es irgendwie im Nebenland ankommt. Jetzt gibt es wirklich Wichtigeres, als den goldenen Brief zu lesen, denkt sie und hofft, dass dieser Gedanke nicht im Nebenland ankommt, weil er ihr irgendwie richtig und unhöflich zugleich vorkommt. Aber sie kann sich jetzt leider nicht mit der Prinzessinnen-Sache beschäftigen, ja, das Thema erscheint ihr im Moment geradezu unnötig im Vergleich zu Thereses Kummer. Ach, sie tut ihr so leid. Wenn Jule sich vorstellt, wie sehr sie sich selbst immer auf ihre Geburtstagsfeiern freut …

»Dann kommst du morgen einfach zu mir!«, ruft Jule, noch bevor sie darüber richtig nachgedacht hat. Auf ein-

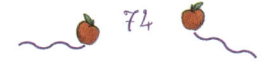

mal wird ihr ganz herzklopfig zumute. Ja, das ist überhaupt DIE Idee! »Wir … äh … könnten spielen, und ich gebe dir mein Geschenk …«, sagt Jule unbestimmt und muss sich richtig anstrengen, nicht jetzt schon mit ihrem eigentlichen Einfall herauszuplatzen.

Therese nickt dankbar.

»Okay«, sagt sie und zieht die Nase hoch. »Um drei? Könnte ich noch 'n Stück Apfel haben?«

Jule gibt Therese ein paar Apfelschnitze und bricht ihr Pausenbrot in zwei Hälften. Während die beiden kauen, toben in Jules Kopf tausend bunte Gedanken.

»Und jetzt muss ich das auch noch den anderen sagen«, wispert Therese nach einer Weile unglücklich.

Jule winkt ab.

»Das kann ich für dich erledigen, kein Problem.«

»Echt?« Therese strahlt vor Erleichterung. »Danke!«, sagt sie und schielt auf Jules Trinkflasche.

»Da«, sagt Jule und reicht sie ihr.

Auf dem Heimweg weiht Jule Sofie in ihren Plan ein. Sie ist sofort begeistert und verspricht, bei den Vorbereitungen zu helfen. Und das ist wunderbar, denn Jule kennt niemanden auf der Welt, der sich so lustige Spiele ausdenken kann wie Sofie.

Nach dem Mittagessen verschwindet Jule sofort in ihr

Zimmer, um *in Ruhe Hausaufgaben* zu machen. Doch ihre Dienerin platzt vor Neugier, und deswegen muss Jule den goldenen Brief wohl doch noch aufmachen, bevor sie die andere Sache geregelt hat.

»Also guuut«, sagt Jule und bohrt einen Finger in die Umschlagklappe, »aber so in Hetze ist es doof.«

»Warum Hetze, ich seh keine«, sagt Luzie. Ihre blonden Wuschelhaare verdecken wie üblich Jules Blick auf den Brief.

»Nimm den Kopf weg«, schimpft Jule mal wieder. »Eigentlich muss ich was organisieren, für Therese …« Jule springt von ihrem Schreibtischstuhl auf und rennt zur Zimmertür. »Mama? Dürfen morgen Nachmittag ein paar Freundinnen kommen?«, ruft sie hinunter.

»Wie viele?«, fragt Mama zurück.

Jule zögert. Therese hat sechs Mädchen eingeladen, insgesamt sind sie dann also sieben, mit Luzie acht … Das erlaubt Mama nie …

»Wie viele dürften denn kommen?«, fragt sie zurück.

Mama kommt ein paar Stufen die Treppe hoch. »Hm …«, sagt sie. »Worum geht's denn eigentlich?«

»Ist für 'n guten Zweck«, sagt Jule. »Ehrlich.«

»Na gut.« Mama seufzt. »Sechs. Und um dieselbe Uhrzeit ist auch wieder Abholung.«

»DAAANKE!«, ruft Jule und rumst die Tür zu. »Jetzt

76

muss ich telefonieren«, sagt sie, und Luzie flitzt hinaus, um ihr das Telefon zu bringen.

»Wow«, sagt Jule, als Luzie wieder da ist. »Danke, Dienerin.«

»Nä«, sagt Luzie, »das war freiwillig. Und erst musst du sowieso vorlesen«, sagt sie und deutet auf den Umschlag.

Jule seufzt und zieht langsam eine dunkelblaue Karte heraus. Sie ist über und über mit Sternen bedeckt, so viele, dass sie beim längeren Hinschauen beginnen, vor den Augen zu tanzen.

»Wow«, hauchen Jule und Luzie.

»Wie ein Blick ins Weltall«, sagt Jule beeindruckt und hält die Karte ein Stückchen von sich weg. »Man kann irgendwie durchgucken. Oder reingucken. Jedenfalls weit, äh … weggucken, also tief …« Jule weiß nicht recht, wie sie es beschreiben soll. Doch Luzie hat genug gestaunt, sie möchte endlich wissen, was draufsteht.

»VORLESEN!«, fordert sie ungeduldig, und Jule dreht die Karte um. »*Warte!* …«, sagt sie.

»Nee, sag nicht immer warte!«, mault Luzie und zerrt Jules Arm zu sich hinunter.

»Mann, lass das!«, brummt Jule und schüttelt ihre kleine Schwester ab. »Das steht halt da. *WARTE!* Mit Ausrufezeichen.«

»Umsch«, macht Luzie, und Jule bekommt einen Lach-

anfall, weil Luzie nur bei besonders enttäuschenden Fällen ›umsch‹ sagt und es sich einfach zuckersüß anhört.

»Is' so«, kichert Jule. »Ehrlich. Schau.« Sie hält Luzie die Karte hin. In silbernen Buchstaben prangt das Wort quer darüber.

»Und worauf?«, fragt Luzie.

Jule zuckt mit den Achseln. »Wird sich rausstellen«, sagt sie, gibt Luzie den Umschlag und lehnt die Universum-Karte an ihren Stiftebehälter. »Vielleicht ist das eine Prüfung in Geduld«, fällt ihr ein. »Die wollen vielleicht so typische Prinzessinnen-Dinge, wie heißen so Sachen …?« Jule holt ihr Religionsheft aus dem Ranzen und schlägt es auf. »Tugenden, da steht es. Die wollen vielleicht spezielle Prinzessinnen-Tugenden testen.«

»Also, da kriegst du eh den größten Preis der Welt dafür«, sagt Luzie und zeigt auf den Schokoladenweihnachtsmann auf dem obersten Regalbrett. »Der wird noch schlecht! Kann ich nicht 'n Stück?«

Und da macht Jule etwas sehr Ungewöhnliches. Denn so gut sie sich Süßigkeiten bis in alle Ewigkeiten aufbewahren kann, so ungerne teilt sie sie. Doch jetzt kniet sie sich aufs Bett, nimmt den Weihnachtsmann vom Regal und reicht ihn Luzie.

»Bist du krank?«, haucht Luzie mit großen Augen.

»Nee, nur tugendhaft«, zwitschert Jule und bugsiert Luzie aus ihrem Zimmer.

Dann schreibt sie eine riesig lange Liste* mit all den Dingen, die sie für morgen noch organisieren muss, und telefoniert anschließend Thereses Geburtstagsgäste durch, um sie über die ausgefallene Party zu informieren und zusätzlich noch ein paar geheime Dinge zu besprechen …

Als Jule abends im Bett liegt, kann sie gerade noch hinter den letzten Punkt einen großen Haken machen, da fallen ihr auch schon die Augen zu. Schade eigentlich, denn wenn sie in diesem Moment auf die Sternenkarte sehen würde, könnte sie fünf Sternschnuppen auf ihrem leuchtenden Weg übers Himmelszelt beobachten.

* Prinzessinnenzelt aufbauen und Zimmer dekorieren
* Lichterketten, Glitzergirlande, Wimpel aufhängen
* Luftballons aufpusten (weiß und rosa)
* Kissen verteilen
* Teller, Gabeln, Servietten, Tassen, Gläser ...
* Knabberzeug
* Zutaten für Prinzessinnen-Schleim auf Tablett legen und für jeden eine Schüssel besorgen
* Kleider raussuchen für mich, Luzie und Therese
* Schminke vorbereiten
* Wo ist die weiße Strumpfhose?
* Eine Krone fehlt: basteln!
* Gäste: an Verkleidung erinnern!!! Wer backt: Kuchen? Muffins? Kekse?
* Wichtig: Ankunft Gäste schon um halb drei!
* Überraschungstüten füllen (–> Luzie)

7

Der dritte Brief – Dritter Teil

Zum Glück findet am nächsten Tag in der Schule ein Projekttag statt, bei dem alle Klassen auf unterschiedliche Bastel- und Arbeitsstationen verteilt werden, sodass Thereses ehemalige (und jetzt Jules neue) Gäste so gut wie kaum zusammenkommen. Und das ist auch gut so, denn wie du dir denken kannst, sind alle ein wenig aufgeregt, ob der Plan auch funktionieren wird. Und da fällt es natürlich schwer, darüber nicht miteinander zu tuscheln.

Doch als Therese am Nachmittag pünktlich um drei bei Jule klingelt, klappt alles wie am Schnürchen …

»Es geht los«, wispert Jule, und die glitzernde Schar hält gespannt die Luft an. Jule lässt ihre Zimmertür angelehnt und geht nach unten.

»Oh, du bist ja verkleidet«, hören sie Therese erstaunt ausrufen. »Und Luzie auch!«

»Och«, Jule winkt lässig ab, »Luzie will einfach dauernd Prinzessin spielen. Komm rein!«

Als Jule die Tür zu ihrem Zimmer aufstößt, bleibt Therese wie angewurzelt stehen.

»Überraschung!«, schmettern die Prinzessinnen im Chor, und Therese wird mit einem wahren Wirbelwind aus Luftschlangen, Umarmungen und fröhlichem Gekicher willkommen geheißen.

»Eins, zwei, drei«, wispert Jule, und dann schmettern sie *Happy Birthday*.

Anschließend bekommt Therese die selbst gebastelte Krone aufgesetzt, und ihre Freundinnen helfen

ihr in ein himmelblaues Prinzessinnenkleid. Danach wird das Geburtstagskind auf das größte der bunten Kissen an der adligen Speisetafel platziert, wo es sprachlos niedersinkt und sich ein paar Tränen aus den Augen wischt.

»Wow«, sagt Therese leise.

»Alles für dich.« Jule zeigt auf Lenas Muffins mit rosa Zuckerguss, Cleos Kuchen mit weißer Glasur und bunten Schokolinsen, Mias Zimtschnecken, Annas Marshmallow-Spieße und Dilaras Prinzessinnen-Punsch.

»Aber vorher machen wir ein Geschenke-Auspack-Spiel«, sagt Sofie geheimnisvoll und zieht einen Karton unter Jules Bett hervor, der mit lauter kleinen Zetteln gefüllt ist. Der Tüll raschelt, als sich die Prinzessinnen neugierig darüber beugen. Bloß Therese sitzt immer noch da und sieht sich staunend um.

»Alles für mich?«, fragt sie leise und betrachtet den pinkfarbenen Prinzessinnenhimmel mit den Blumenranken, die vielen funkelnden Lichtergirlanden, die Luftballontrauben, die Kuchentafel auf dem Teppich und die vielen Geschenke, die die Prinzessinnen auf Jules Nachttisch aufgetürmt haben.

Lächelnd rutscht Jule mit ihrem Sitzkissen ganz nah an Therese und legt einen Arm um sie.

»Jetzt kommt das Auspackspiel«, sagt sie.

»Achtung, erstes Tierrätsel«, verkündet Sofie sofort und entfaltet einen der kleinen Zettel. »Wer es löst, darf Therese sein Geschenk überreichen.«

»Danke«, wispert Therese gerührt.

»Was ist braun und hat …«, beginnt Sofie.

»Hund, Katze, Maus!«, ruft Jule zur Ablenkung, und dann geht das Spiel auch schon los.

Als alle Geschenke ausgepackt sind, die Prinzessinnen sich über die Leckereien hergemacht haben und jede eine

große Portion glitzernden Glibber-Schleim hergestellt hat, betritt Mama das Zimmer und stürzt, theatralisch nach Luft schnappend, ans Fenster, um es zu kippen.

»Puh, nur zwei Sekunden später und ihr wärt erstickt«, japst sie und zückt ihr Handy, um ein paar Fotos zu machen, bevor sie wieder verschwindet. Eine frische Brise weht ins Zimmer und fegt die Sternenkarte vom Schreibtisch. Sie landet direkt vor Jules Füßen.

»Ups«, sagt Jule und will sie aufheben, weil es ihr immer noch so vorkommt, als könne sie darauf direkt ins Weltall schauen, und sie diesen Schatz dringend vor den neugierigen Blicken ihrer Gäste in Sicherheit bringen will. Doch Sofie ist schneller und dreht die Karte bewundernd in ihrer Hand.

»Darf ich sie lesen?«, fragt sie.

Jule nickt. Sie weiß jetzt schon, dass Sofie gleich fragen wird, was das Wort *Warte!* zu bedeuten hat und woher die Karte kommt.

»Is' nur Werbung«, versucht Luzie, die Situation zu retten, und will Sofie die Karte aus der Hand nehmen.

Doch die sieht Jule nur mit großen Augen an.

»Wie hast du das denn gemacht?«, fragt sie. »Also die Tanzstunde? Hier steht …«

»Was?«, fragt Jule.

»Hier steht *Einladung für acht Prinzessinnen zur Tanz-*

stunde auf dem Hinterhof. Zeitpunkt: Jetzt sofort. Unterzeichnet: Mister Mädschik«, liest Sofie vor.

»Hä?«, ruft Luzie. »Also hä wegen du weißt schon …«, sagt sie und zwinkert Jule wie verrückt zu.

»Ähm …« Jule überlegt fieberhaft, doch da sind die anderen schon aufgesprungen.

»Komm«, ruft Cleo und zieht Jule hoch.

»Das ist echt der Wahnsinn«, juchzt Therese, und alle drängen sich aus der Tür.

Mit lautem Jubel stürmen die Prinzessinnen auf den Hof, ohne dass Jule auch nur mit einem Wort protestieren kann. Was soll das denn schon wieder bedeuten? Wer ist denn Mister Mädschik und überhaupt …

»Stopp!«, ruft sie in letzter Sekunde, sie können sich doch nicht einfach mit irgendeinem wildfremden Menschen treffen, selbst wenn er aus dem Nebenland …

»Ah, Kinder«, hört sie da die Stimme von Mama, »gerade wollte ich euch Bescheid geben. Stellt euch mal vor, wen ich gerade kennengelernt habe«, sagt sie und zeigt auf einen Mann in Ballettsachen. Er steht auf dem Hof und macht eine theaterreife, tiefe Verbeugung. Neugierig starren die Prinzessinnen ihn an.

»Ich will die leeren Flaschen ins Auto bringen, da fällt mir eine runter, und Mister, äh …«

»Mädschik«, hilft Mister Mädschik.

»Mister Mädschik also hilft mir mit den Scherben, und wir kommen ins Plaudern, und ich erzähle von euch, und da sagt er …«

»Mir ist, als würde Ihr Telefon klingeln«, Mister Mädschik macht eine Arabesque und deutet mit der ausgestreckten Hand aufs Haus, »Werteste, schöne Frau«, ergänzt er.

Mama wird rot. »Dann viel Spaß, Kinder«, sagt sie und geht hinein, als hätte sie sich nicht gerade ziemlich ungewöhnlich verhalten.

»Äh, Mama …«, meint Jule schüchtern, doch Luzie legt beruhigend die Hand in die ihrer Schwester.

»Chill mal«, sagt sie.

»Primissimo, das wäre geschafft, die Frau Mama ist beruhigt und glücklich!« Mister Mädschik schmunzelt und verbeugt sich erneut. »Und nun, die Damen, Aufstellung bitte.« Mit federnden, lautlosen Sprüngen führt Mister Mädschik die Gruppe in die Mitte des Hofes und zeigt ihnen ihre Positionen. Selbst der Wind spielt mit und bauscht die Röcke der Kleider, als trügen sie Reifröcke darunter.

Mister Mädschik schnippt mit den Fingern, und plötzlich erklingt Musik. Wie von Zauberhand geführt, wissen die Prinzessinnen mit einem Mal, wie sie sich bewegen müssen. Geziert raffen sie ihre Röcke und tanzen die verschiedensten Figuren, Schleifen und Drehungen, so selbstverständlich, als ob sie das Ganze schon seit Jahren gemeinsam üben.

»Bravo, bravo«, ruft Mister Mädschik, wirbelt hier eine Prinzessin herum, hebt da eine hoch und tanzt dort mit einer anderen eine Extrarunde, bis jede einmal dran war.

»Fünf, sechs, sie-ben-acht«, zählt Mister Mädschik den

Rhythmus mit, doch das ist fast nicht nötig, so schwebend leicht finden die Mädchen ihre Schritte.

»Magie!«, jubelt der Tanzlehrer ergriffen, »das ist wahre Magie.«

Als die Tänzerinnen außer Atem kommen, wird die Musik leiser und verklingt langsam ganz.

Ein älteres Ehepaar applaudiert hinter dem Gartenzaun und geht dann weiter.

Ungläubig blicken sich die Mädchen an.

Dann fallen sie sich lachend in die Arme und hopsen begeistert im Kreis, so viel Spaß hat das eben gemacht. Sie wollen am liebsten gleich noch mal!

Kruh, pruh, pruh, machen die Tauben auf der Platane.

»Fünf«, flüstert Jule. »Es sind fünf …«

»Contenance, meine Damen. Darf ich um Ruhe bitten …« Mister Mädschik lächelt gütig und wiegt den Kopf. »Nun, wie ich sehe, hat es euch gefallen.«

Die Prinzessinnen applaudieren.

»Très bon. Alors, dann zeige ich euch jetzt noch etwas«, sagt Mister Mädschik und nimmt Aufstellung. Er geht in die Knie, holt Schwung und beginnt dann, in einem großen Kreis um den Hof zu tanzen. Wieder und wieder dreht er sich dabei einmal um die eigene Achse. Es sieht atemberaubend aus.

»Sechzehn, siebzehn, achtzehn …«, zählen die Mäd-

chen laut mit. Als er beim zwanzigsten Sprung wieder still steht, ohne auch nur einen Hauch zu schwanken, zwinkert er Jule und Luzie zu.

»Dann wäre das also auch erledigt«, sagt er lächelnd, verneigt sich abermals tief, verteilt Luftküsse und tanzt dann in großen Sprüngen zum Gartentor hinaus.

Kaum ist er verschwunden, reden die Mädchen alle wild durcheinander. Keine kann in Wahrheit so ganz verstehen, was gerade passiert ist.

»Das war wie im Film«, fasst Dilara das Geschehen zusammen.

»Ich kam mir vor wie eine Disney-Prinzessin«, gibt Lena zu, und Mia nickt. »Am liebsten hätte ich nie wieder damit aufgehört.«

»Fehlt uns jetzt nur noch eine Kutsche«, sagt Lena.

»Kinder!«, ruft Mama in diesem Moment aus dem Fenster. »Mia, Lena und Dilara werden abgeholt!«

»Och nö«, protestieren die Kinder.

»Da habt ihr eure Kutschen«, kichert Therese und schlingt ihre Arme um Jule. »Das war der schönste Geburtstag meines Lebens«, sagt sie.

»Cleo und Therese a-hauch!«, meldet sich Mama erneut, und die Mädchen stürmen ins Haus.

»Na, ihr habt ja wild getobt«, sagt Mama und streicht Luzie übers verschwitzte Gesicht.

»Getobt?«, hakt Jule nach, während sie ihren Gästen die Überraschungstüten überreicht, die heruntergefallenen Krönchen sortiert, mit den Jacken hilft und Thereses Geschenke in eine Tüte stapelt.

»Ja, sah ziemlich wild aus von oben«, sagt Mama.

»Danke, Frau Paul, dass ich meinen Geburtstag hier feiern durfte«, sagt Therese artig.

»Gern geschehen, bis vorhin wusste ich nicht mal was davon«, sagt sie und winkt den Eltern in den wartenden Autos.

»Das war echt toll«, sagt Sofie, als alle weg sind.

Jule nickt nachdenklich. Dann hat sie eine Idee.

»Getooobt …«, wiederholt sie langsam Mamas unpassendes Wort für ihren eleganten Tanznachmittag und sieht ihre Freundin prüfend an. Wenn Sofie jetzt, wo Mama weg ist, nicht protestiert, ihren magischen Tanz als Getobe zu bezeichnen, dann …

»Ja«, sagt Sofie und strahlt. »Das war cool. Ziemlich unprinzessinnenhaft.« Sofie klemmt sich den Spielekarton unter den Arm, stopft sich hungrig einen übrig gebliebenen Muffin in den Mund und sucht nach ihrer Jacke.

»Oh Mann«, sagt Jule hilflos. Nichts, aber auch gar nichts mehr ist irgendwie logisch.

»Da, deine Schrott-Tüte«, mischt sich Luzie ein. »In dei-

ner ist ein scharfer Kaugummi, den ich nicht mag, und ein Hustenbonbon und ein ausgeleierter Haargummi, der überhaupt nicht den Pferdeschwanz hält, und ein Radierer, der nix radiert, nur verschmiert«, erläutert Luzie ihre Auswahl.

»Oh«, sagt Sofie, die Luzies eigenwillige Geburtstagstüten-Zusammenstellung schon kennt. »Danke, wieder mal eine gelungene Mischung.«

»Ja, ne?«, sagt Luzie stolz und zerrt Jule mit sich. »Komm jetzt spielen«, drängelt sie.

»Alles klar, ich geh dann also«, sagt Sofie und rückt ihr Krönchen zurecht.

»Komischer Typ, was?«, lässt Jule nicht locker.

»Ju-lä!«, schimpft Luzie.

»Was für 'n Typ?«, fragt Sofie.

»Der Tänzer«, sagt Jule und schüttelt dann den Kopf. »Ach nix, vergiss es, hatte nur grade … war mit den Gedanken …«

»Soll ich dir noch aufräumen helfen?«, bietet Sofie an.

»Nein!«, protestiert Luzie. »Jetzt geh endlich!«

Sofie kichert. »Ist ja schon gut, bis morgen«, ruft sie, und dann fällt die Haustür hinter ihr ins Schloss.

»Mann«, schimpft Luzie, »dass die immer nie gehen will.«

Jule verdreht die Augen und zerrt ihre kleine Schwester mit sich ins Zimmer, wo sie sich in die Kissenberge fallen lassen. Jule stellt eine Schüssel mit Knabberkram auf ihrem Bauch ab.

»Ich versteh's einfach nicht«, sagt sie. »Er war doch da, Mister Mädschik, oder?« Für einen winzigen Moment befürchtet sie, dass Luzie ihn auch nicht gesehen haben könnte.

»So was von«, bestätigt Luzie. »Ich wusste gar nicht, dass Leute so hoch springen können. Ohne Trampolin. Und sich so lang drehen, ohne umzufallen!«

»Der war ja auch kein Leut, der war ein Balletttänzer«, sagt Jule erleichtert. »Und auch noch aus dem Nebenland.«

Luzie nickt. »Jetzt haste die Prüfung bestanden, oder?«

Jule schüttelt den Kopf. »Hab doch gar keine gemacht.«

»Mann, bist du geplant«, stöhnt Luzie.

»Verplant, wennschon«, verbessert Jule. »Aber warum?«

»Na, weil der Mistamäschi gesagt hat, das wäre jetzt erledigt. Hast du das nicht mitgekriegt?«

»Doch, vielleicht …« Sie springt auf und holt die Karte. »Vielleicht steht ja wieder eine Botschaft drauf …«

Und genauso ist es. Doch statt tiefer Sternennacht geht jetzt darauf die Sonne auf. Und zwar buchstäblich: Ein großer oranger Ball steigt in einen Himmel empor und taucht ihn in wassergraue Schlieren, die zu einem strahlenden Hellblau werden. Geblendet schließen Luzie und Jule die Augen. Als sie sie wieder öffnen, hat sich der Sonnenaufgang in eine Fotografie verwandelt. Seltsame Gestalten sind darauf zu sehen.

»Das ist der Rat des Zwölfeinhalber«, ruft Jule aufgeregt. »Ganz bestimmt. Schau mal, da ist Clemens«, sie deutet auf den Elf, »und Herr und Frau Schokoschi oder wie die hießen.« Aufgeregt tippt sie mit dem Finger darauf.

»Schu-kows-ki«, kommt die Stimme der beiden aus dem Bild.

Luzie kreischt begeistert und reißt das Foto an sich.

»Das geht ja wie mit dem Tipp-Stift!« Luzie tappt so lange blitzschnell immer wieder auf die Mitglieder des

Rats, die daraufhin freundlich ihren Namen sagen, bis
Jule ihr die Karte aus der Hand nimmt.

»Du machst es noch kaputt.« Jule dreht die Karte um.
»Ah, endlich, hier steht ziemlich viel geschrieben«, sagt
sie und legt sich gemütlich zurück …

8

Der dritte Brief –
Vierter Teil – und gleichzeitig
auch die vierte Zacke und
die fünfte Aufgabe

»Okay, ich bin ganz still«, sagt Luzie gespannt. »Superstill.«

»Alles klar«, sagt Jule.

»Mucksmäuschenstill«, fällt Luzie noch ein. »Nachtstill. Maulwurfsstill. Mundzugeklebtstill.«

»Hallo?« Jule sieht ihre kleine Schwester schräg an. »Dann sei's halt auch.«

»Bin ich doch«, sagt Luzie und steckt sich eine Handvoll Chips in den Mund. *Schrumps, krumpsch*, macht es beim Kauen.

»Oh Mann«, sagt Jule und beginnt zu lesen.

3. Brief über Hilfsbereitschaft und Mitgefühl plus 4. Brief über langweiligen und öden Tanzveranstaltungsunsinn und weiteren unnötigen Prinzessinnen-Schnickschnack

Liebes Prinzessinnenanwärterin-Menschenkind Jule.

So.

Nun ist der Alte Meister aber zu verbanntem Erstaunen gerührt, nein, er ist in erstaunter Rührung gebannt, da es in der über tausend-jährigen Tradition des Ehrenprinzessinnen-Klingeldong-Wahltags noch keine Kandidatin jemals auch nur annähernd zu vermögen schaffte, eine Prüfung zu bestehen, ohne sie im Vorhinein überhaupt zu erfahren und / oder vorgelegt bekommen zu haben hatte.

Nein ... im Vorfeld sah ... also wusste ... die Prüfungsaufgabe kannte, so mag ich es nun klarer formuliert haben!

»Aber nicht für mich«, sagt Luzie. »Ich versteh überhaupt nix, du?«

Jule schüttelt unsicher den Kopf und liest weiter.

Die Regularien verlangen eine gütige und hilfsbereite Prinzessin. Dies solltest du unter Beweis zu stellen haben – eine knifflige und überaus schwierige Aufgabe, die Königsdisziplin, will ich es nennen, und wohlwissentlich auch derjenige Teil der Prüfung, an dem die letzten zweiundzwanzig Kandidatinnen erbärmlich und kläglich und armselig und beschämend und jämmerlich und schäbig und überaus trappeldusselig gescheitert sind!

Jule und Luzie sehen sich an.

»Aber wenn man Prinzessin werden will, ist man doch schon so von innen raus total hilfsbereit und dings …«, sagt Luzie.

»Gütig.« Jule nickt. »Komisch …«, sagt sie und liest weiter.

Nun mag man denken, dass, wer die Ehren-

prinzessinnenwürde anstrebt, weiß, was sich
als Prinzessin gehört, aber weit gefehlt: Hoch-
näsig und bestimmerisch wurden sie plötzlich,
und somit hat es nicht sollen sein, dass auch
nur eine Einzige die nächste Runde erreichte.
Doch Jule, Menschenkind, hat sich nicht nur
die nächste Jacke verdient, sondern gleich im
Anschluss, so gut wie in einem Aufwasch, auch
noch den langweiligsten, ödesten, zähesten und
schnarchelendigsten Teil der Prüfung mit
Bravour bestanden: den Gesellschaftstanz ...
zugegebenermaßen eine dreiste Zumutung,
eine fürchterliche Verpflichtung, ein Elend
sondergleichen, eine grauenhafte Veranstal-
tung und aus diesem Grund eine scheußliche
Zeitverschwendung, für die ich mich in
aller Form entschuldige.
Wohlschon ich nicht vergessen darf, dir ebenfalls Lob auszusprechen bezüglich des unsäg-
lich mühseligen und unnötigen Brimboriums,
was das Ballkleidauswahl-Gedöns sowie
den dazugehörigen komplizierten und

anstrengenden und mühsamen und beschwer-
lichen und nervtötenden Frisur-Unfug und
Schminke-Firlefanz betrifft.

Luzie klatscht lachend in die Hände. »Der hat ja keine Ahnung!«, kichert sie. »Das war das Beste vom Tag!«

Jule grinst und tut so, als ob sie sich einen langen Bart
krault. »Der Alte Meister hat's wahrscheinlich nicht so
mit Frisuren. Und schon gar nicht mit Tanzen …«

»Weil er dabei immer über seinen fisseligen Zauselbart
stolpert«, bestätigt eine Stimme.

Wer redet denn da? Jule und Luzie sehen sich um.

»Und seine Pantoffeln verliert«, ruft eine andere.

»Deine Puppen!«, flüstert Luzie begeistert und kuschelt
sich näher an ihre Schwester.

»Und Madame Acht ihn immer ausschimpft«, kichert
die nächste.

»Und er nie auf Mister Mädschik hört.« Die kleine He-
xenschwester muss so sehr lachen, dass die Puppe, in die
sie sich verwandelt hat, aus dem Regal plumpst.

»Und ihm schwindlig wird vom Drehen, wenn er mit
der Königin tanzt«, ruft die fünfte und lässt sich juchzend
ebenfalls fallen.

»Und er es hasst, sich schick zu machen«, rufen sie im
Chor und verstummen.

Jule und Luzie angeln nach den beiden abgestürzten Puppen und drücken sie lachend an sich.

»Die Prüfung war sozusagen geschenkt«, raunt Jule ihrer Schwester zu.

Hierzuwohl hast du also meine hochachtungs-vollste Hochachtung, dahingehend sei dir zufürderst eine besonders große Jacke ver-gönnt, verbunden mit dem herzenstiefsten Wunsch, dass du für die nächsten sieben-hundert Jahre verschont bliebest von einem echten Ball!

»Och, schade«, flüstert Jule.

»Okay, und wie viel hammwa jetzt?«, will Luzie wissen. »Also Zacken?«

Jule rechnet nach. »Vier«, sagt sie. »Aber Moment, hier steht noch was.«

Dieses war der vierte Teich, nein, Deich, Scheich? ...

»Streich!«, ruft Luzie.

... und der fünfte folgt sogleich. Also Aufgabe natürlich, aber was reimt sich schon auf Aufgabe, außer Küchenschabe ...

»Buchstabe!«, schlägt Jule vor.

Horchet auf und gebt fein acht, ich hab euch etwas mitgebracht.

Jule und Luzie kichern vor sich hin.

»Der ist irgendwie falsch. Erst ein Spruch aus *Max und Moritz* und jetzt das *Sandmännchen*«, flüstert Jule.

»Gleich kommt noch was von Pipi Langstrumpf«, wispert Luzie. »Vielleicht dürfen wir nach Taka-Tuka-

Land fahren. Prinzessinnen müssen doch die ganze Zeit reisen, oder nicht?«

Jule nickt und überfliegt die nächsten Zeilen. Dann runzelt sie die Stirn. »Auweia«, sagt sie. »Nix Südseeinsel.«

»Sondern?«, fragt Luzie und macht sich über die restlichen Salzstangen her. »Was steht da?«

Aufgabe Nummer fünf, such dir einen Prinz!

Da kriegt Luzie einen solchen Lachanfall, dass die Brösel nur so aus ihrem Mund sprühen.

»Was sollen wir denn mit einem Prinzen?«, gackert sie. »Das ist doch dann ein Junge, oder? Aber Jungs spielen

doch gar nicht gern Prinzessin. Was sollen wir denn dann mit dem machen? Wir haben überhaupt nicht viele Autos im Haus. Oder Bagger. Oder Schiffe. Oder Schwerter. Oder Hubschrauber. Oder Flugzeuge … doch, eins. Und Ritter hab ich gar keine. Oder … Oder …«

»Ja, ja«, unterbricht Jule Luzies Aufzählung, denn das kann noch ewig so weitergehen, wenn Luzie vorhat, in Gedanken ihr ganzes Kinderzimmer durchzugehen.

»Steht denn da sonst nichts mehr?«, fragt Luzie, als sie sich wieder einigermaßen beruhigt hat. »Und wo soll der dann wohnen? Also, bei mir im Zimmer bestimmt nicht.«

»Pscht jetzt mal, ich muss nachdenken«, sagt Jule, denn so ganz wohl ist ihr bei der Aufgabe auch nicht. Wie kann das Ganze denn gemeint sein? Ratlos wirft sie einen Blick auf ihre Puppen, doch die Hexenschwestern scheinen ausgeflogen zu sein, die Puppen starren freundlich, aber regungslos wie immer vor sich hin.

Sie kann doch nicht einfach einen Jungen fragen, ob er ihr Prinz sein will! Und was soll das überhaupt? Hat diese Prinzsache etwa was mit Liebe zu tun? Muss sie den heiraten? Jule wird schon bei der Vorstellung rot.

»Das wäre ja megapeinlich«, murmelt sie.

»Kinder! Abendessen ist fertig«, ruft Mama in diesem Moment, und Jule springt auf.

»Warte.« Luzie hält Jule am Ärmel fest. »Zur Not kannst

du ja auch Papa wählen. Der zählt bestimmt auch«, sagt sie, »auch wenn er nicht so hübsch ist.«

Jule fällt ein Stein vom Herzen.

»Du bist die beste Dienerin der Welt«, sagt sie erleichtert, zerrt Luzie auf die Beine und stürmt nach unten.

Am besten, sie denkt erst mal gar nicht weiter drüber nach, irgendwas wird ihr dann bestimmt von alleine einfallen.

9

Von Meerrettichen und Prinzen

Am nächsten Tag auf dem Schulweg unterhalten sich Jule und Sofie über die gelungene Prinzessinnenparty, und Jule kann sich kaum beherrschen, ihrer Freundin nicht davon zu erzählen, was sich daraus sonst noch ergeben hat. Sofie hat nämlich nach wie vor keine Erinnerung an die märchenhafte Tanzeinlage mit Mister Mädschik, und das versetzt Jule zwar in Erstaunen, macht die ganze Ehrenprinzessinnen-Geschichte aber auch irgendwie noch geheimnisvoller. Denn das, was sie gerade erlebt, ist wirklich und wahrhaft nur für sie!

Unwillkürlich schüttelt Jule den Kopf.

»Doch«, sagt Sofie, »du wirst schon sehen.«

»Was?« Jule hat gar nicht zugehört.

»Dass Meerrettich die Vertrauensschülerin werden will«, erklärt Sofie.

»Stimmt!« Jule hat ganz vergessen, dass heute die Vertrauensschülerwahl ansteht und Meredith, die sie und Sofie *Meerrettich* nennen, ganz bestimmt die Entscheidung an sich reißen wird, wie sie das bereits bei der Wahl zur Klassensprecherin erfolgreich hingekriegt hat. »Warum machen eigentlich immer alle, was Meerrettich bestimmt?«, fragt Jule und kickt einen Stein vom Gehweg.

»Bevor sie da war, war's irgendwie besser«, stimmt Sofie zu. »Sie ist so 'ne blöde Bestimmerin.«

Jule seufzt. Meredith ist letztes Schuljahr neu dazugekommen und schart seitdem die meisten Mädchen der Klasse um sich wie eine Königin ihren Hofstaat. Und wer nicht tut, was sie will, kriegt ihre spitze Zunge zu spüren. Meredith kann unheimlich gut austeilen.

»Zicke«, sagt Sofie.

Jule bleibt stehen. »Ich hatte am Anfang total Angst, dass sie dich mir wegnimmt«, gesteht sie ihrer Freundin.

»Echt?«, sagt Sofie und klingt ganz empört. »Keine Chance. Guck mal«, sie zeigt auf eine Frau mit einem bodenlangen schwarzen Rock, die aussieht, als ob sie gerade auf den Schulhof ... rollt. »Wie macht sie das? Sieht aus,

als hätte sie Inliner drunter. Ist das eine Mutter oder 'ne neue Lehrerin?«

Jule und Sofie sehen, wie sich die Frau auf das große Schachbrett zubewegt, das auf dem Schulhof aufgemalt ist und das nie jemand benutzt, weil es keine Spielfiguren dazu gibt.

»Schwarze Königin auf D8«, hört Jule Linus murmeln, der an ihnen vorbeigeht und dann so abrupt stehen bleibt, dass die beiden in ihn hineinrumpeln.

Königin?, denkt Jule. War das ... ist das ... etwa die Königin des Zwölfeinhalber-Rats?

»’tschuldigung«, ruft Sofie und zerrt Jule eilig mit sich,
sie sind schon ziemlich spät dran.

Doch Linus zwinkert nur verwirrt, putzt seine Brille
mit dem Jackenzipfel und starrt auf das Schachbrett hinüber, wo die Frau immer noch bewegungslos auf einem
Feld steht.

»Nee«, sagt er bei ihrem Anblick. »Es gibt ja gar keine Königin beim Schach, wie komme ich denn darauf. Es ist immer ein Mann … Aber warum eigentlich?« Linus setzt seinen Schulranzen ab und kramt einen Stift und sein Hausaufgabenheft hervor. Dann kritzelt er etwas hinein. Als er wieder aufschaut, ist die Frau verschwunden.

»Linus, auf geht's«, ruft Frau Himmelreich und hält die Schultür auf. »Hörst du denn das Klingeln nicht?«

Linus sammelt seine Sachen auf und geht gedankenversunken hinein.

»Ich musste kurz noch was zu Ende denken«, murmelt er, als sie zusammen das Klassenzimmer betreten.

»Also ich bin IMMER pünktlich«, tiriliert Meredith extra laut, damit die Lehrerin sie auch hört. »Als Klassensprecherin ist das ja selbstverständlich«, fügt sie hinzu und rückt ihr Mäppchen noch ein wenig gerader.

Sofie verdreht die Augen und sieht Jule vielsagend an.

»Und ich kann übrigens auch Vertrauensschülerin werden, ja, Frau Himmelreich, dann brauchen wir gar nicht erst zu wählen«, sagt sie und sieht sich Beifall heischend um.

»Guten Morgen erst mal«, sagt Frau Himmelreich, und die Klasse grüßt zurück. »Ja, die Wahl … Diese Sache erledigen wir am besten gleich«, sagt sie, setzt sich auf ihren Tisch und schlägt die Beine übereinander.

»Davon kriegt man Krampfadern, sagt meine Mutter«, ruft Meredith sofort.

Frau Himmelreich spitzt die Lippen, verschränkt die Arme und lässt ihre Beine genau wie gehabt. Langsam gleitet ihr Blick über die Klasse.

»Dann sagt mal: Ein Vertrauensschüler oder eine Vertrauensschülerin ist jemand …?«

Meredith wedelt wie wild mit dem Arm. »Die cool ist«, sagt sie, »wie ich.«

»Ein Vertrauensschüler oder eine Vertrauensschülerin ist jemand …?«, wiederholt Frau Himmelreich, die mit einer bewundernswerten Extraportion Geduld ausgestattet ist, welche nicht mal von Meredith erschüttert werden kann.

»… dem man vertrauen kann«, sagt Therese, und Frau Himmelreich nickt.

»Und das kann man weshalb …?«, fragt sie.

Die Klasse schweigt.

»Weil man dem oder der etwas von sich sagen kann und nicht ausgelacht wird?«, meldet sich Cleo.

»Weil er einem zuhört, wenn man ein Problem hat«, sagt Elena.

»Weil sie nett ist«, ergänzt Lena.

»Weil er einem hilft«, sagt Omar.

»Weil sie sich für den anderen einsetzt«, sagt Sofie.

»Und nicht für sich selbst«, fügt sie mit einem vielsagenden Blick auf Meredith hinzu, und Jule bewundert ihre Freundin für so viel Mut. Denn die erbosten Blicke, die Meredith Sofie entgegenschleudert, hätten ihr bestimmt einen ganzen Tag Bauchweh verursacht.

»Also dann bin ich ja voll geeignet dafür«, ruft Meredith ungeduldig. »Wer ist für mich?«

Gehorsam gehen die meisten Arme hoch, und Meredith strahlt Frau Himmelreich triumphierend an.

»Super, oder?«, fragt sie, doch Frau Himmelreich räuspert sich.

»Für eine Wahl benötigt man zunächst mal die Wahlberechtigten«, sagt sie bestimmt, »also diejenigen, die wählen dürfen. Wer ist das in unserem Fall?«

»Ich«, ruft Meredith. »Und halt die anderen auch.«

Frau Himmelreich nickt. »Also auch diejenigen, die sich eben nicht gemeldet haben.«

»Pf«, sagt Meredith.

»Dann brauchen wir ein festgelegtes Wahlverfahren. Welches könnte man nehmen?«

Herausfordernd sieht die Lehrerin in die Klasse.

»Striche an der Tafel«, schlägt Mia vor.

»Genau, wie bei der Klassensprecherwahl«, wirft Meredith zufrieden ein, und Jule lässt die Schultern hängen. Sie hat es ja geahnt. Wer sich nicht für Meerrettich melden wird, muss sich hinterher wochenlang doofe Sprüche von ihr anhören. In ihrem Bauch grummelt es. Und offensichtlich auch in dem von Therese. Denn ihr lautes Magenknurren lässt die ganze Klasse kichern. Therese wird rot und macht sich so klein sie kann.

»Geheimwahl«, platzt es aus Jule heraus.

»Da sieht niemand, was man auf den Zettel schreibt!«, ergänzt Justus und klingt geradezu erleichtert.

»Gute Idee«, stimmt Frau Himmelreich zu.

Meredith zuckt mit den Schultern, reißt ein Blatt Papier aus ihrem Heft und schreibt in großen rosa Glitzerbuchstaben ihren Namen darauf.

»Da«, sagt sie, faltet ihn zusammen und legt ihn Frau Himmelreich aufs Pult. »Meine Stimme.«

»Danke, Meredith«, sagt Frau Himmelreich. »Da musstest du wohl nicht lange nachdenken.«

Meredith schüttelt lachend den blonden Lockenkopf. »Und die anderen ja wohl auch nicht«, sagt sie und nimmt wieder Platz.

Doch Frau Himmelreich ist die Ruhe in Person. Sie

zupft die Mülltüte aus dem Eimer, stellt diesen auf ihren Schreibtisch und beginnt, kleine weiße Zettel zu verteilen. Als sie einen vor Linus legt und gerade weitergehen will, starrt er Frau Himmelreich so intensiv an, bis sie irritiert innehält.

»Linus, ich kann keine Gedanken lesen«, sagt sie lächelnd, »du musst es schon rauslassen.« Frau Himmelreich sieht Linus freundlich an. Wie kann sie ihn nur dazu bringen, ein wenig mehr aus seinem Schneckenhaus zu kommen?

Linus rutscht auf seinem Stuhl hin und her, doch Frau Himmelreich wartet einfach nur ab.

»Was kann man eigentlich machen, wenn jemand aus der Klasse zu Hause vor der Schule nie ein Frühstück bekommt?«, fragt er leise, und plötzlich ist es mucksmäuschenstill. »Und auch kein Pausenbrot mitkriegt«, fügt er fast flüsternd hinzu.

Frau Himmelreich macht einen bestürzten Gesichtsausdruck und kommt für einen Moment aus dem Konzept.

»Man erzählt es dem Vertrauensschüler«, ruft Jule laut, und plötzlich weiß sie genau, wen sie wählen wird. »L I N U S«, buchstabiert sie laut beim Schreiben, als sie seinen Namen auf den Zettel schreibt, ihn zusammenfaltet und in den Sammeleimer wirf.

Da greifen auch die anderen zu ihren Stiften. Heimlich schielt Jule zu Therese hinüber, die mit gesenktem Kopf ihren Zettel knickt und ein angestrengt gleichgültiges Gesicht macht.

»Über Linus' Frage reden wir später«, sagt Frau Himmelreich nachdenklich.

»Das war der Hammer von Linus«, flüstert Sofie. »Und von dir. Ich wähl ihn auch.« Sofie schlägt ein paarmal mit der Faust auf ihren Zettel, den sie bis auf Würfelgröße zusammengefaltet hat.

»Man kann jedes Blatt Papier nur höchstens sieben Mal falten«, erklärt Linus leise.

Die Klasse sieht sich verwundert an. Erstens hat Linus

noch nie so viel geredet wie heute, und zweitens kann das doch wohl nicht stimmen, oder? Sofort wollen es alle nachprüfen und knicken Papier, während Frau Himmelreich sich an die Auszählung macht.

Wie sich nach einer Weile herausstellt, hat Linus vollkommen recht und außerdem auch die meisten Stimmen bekommen. Achtzehn von achtundzwanzig Kindern haben ihn gewählt, und von den restlichen zehn Stimmen hat Meredith nur vier abgekriegt.

»Da ist bestimmt was falsch gelaufen«, protestiert Meredith empört, und Frau Himmelreich stellt ihr den Eimer mit den Stimmzetteln auf den Tisch.

»Hier, zum Nachprüfen, aber erst in der Pause. Wirst du die Wahl annehmen?«, wendet sie sich an Linus, der bei jedem Kreidestrich kleiner geworden ist.

Dann schüttelt er den Kopf, dass ihm die Brille tief auf die Nase rutscht.

»Und warum nicht?«, fragt Frau Himmelreich.

»Ich könnt's machen«, bietet Meredith hartnäckig an.

Da erinnert sich Jule an etwas, das in ihrem ersten Ehrenprinzessinnenbrief stand.

»Äh!«, sagt sie laut, ohne dass sie schon weiß, was sie eigentlich mitteilen möchte. Es liegt ihr auf der Zunge, die ganze Zeit schon, aber sie hat es noch nicht ganz klar. *Horch und merke, horch und merke*, denkt sie fieberhaft. Ehre, Vertrauen ... wie war das noch gleich ...? »Wenn ... wenn ...«, stottert sie. Da hat sie es plötzlich! »Wenn man jemandem sein Vertrauen schenkt, ist das eine Ehre für denjenigen«, platzt sie heraus. »Und so was musst du schon annehmen, Linus.«

»Genau.« Sofie nickt. »Geht gar nicht anders.«

Linus schiebt die Brille hoch. »Aber ...«, protestiert er.

Frau Himmelreich sieht auf die Uhr, dann klatscht sie in die Hände.

»Gut, wunderbar, vielen Dank. Einen großen Applaus bitte für unseren neuen Vertrauensschüler.«

Während die Klasse klatscht, beugt sich Frau Himmelreich zu Linus hinunter.

»Du erzählst mir später, was es mit der Sache wegen des Frühstücks auf sich hat«, sagt sie leise. »Okay?«

Linus nickt schüchtern.

»Du wirst das gut machen«, sagt die Lehrerin.

Den Rest der Schulstunde starrt Jule fast bewegungslos vor sich hin. Vor lauter Vertrauensschüler-Wahl hat sie die Sache mit der Prinz-Wahl ganz verdrängt.

Wie genau stellen die sich das denn vor? Diese Frage hat Jule sich seit gestern bestimmt schon tausend Mal gestellt. Und falls sie überhaupt jemals einen findet: Wie soll sie ihm denn die ganze Sache erklären? Und was soll er eigentlich tun? Unbeabsichtigt muss Jule lachen. Wer hätte gedacht, dass sie an der typischsten Prinzessinnen-Sache überhaupt scheitern würde? Sind Prinzessinnen nicht geradezu wild darauf, sich den hübschesten Prinzen im Königreich zu schnappen? Bis jetzt war es zumindest so, und zwar in jeder Geschichte, die sie gehört, und in jedem Film, den sie bisher über Prinzessinnen gesehen hat.

»Nä«, nuschelt Jule bei dem Gedanken. Sie ist bis jetzt ganz wunderbar ohne Prinzen klargekommen. Im Gegenteil, selbst beim Prinzessinspielen haben Prinzen nicht mal gefehlt!

Jule beschließt, die ganze Angelegenheit heute Nachmittag ausführlich mit ihrer Dienerin zu besprechen. Vielleicht ist der Vorschlag, Papa auszuwählen, ja doch die einfachste Lösung.

Nach der Schule muss Jule allein nach Hause gehen, weil Sofie noch eine Stunde Chor hat. Und da Jule jeden Don-

nerstag abwechselnd den Rechtsrum-Heimweg oder den Linksrum-Heimweg nimmt, die beide gleich lang, aber unterschiedlich interessant sind, und sie gerade darüber nachdenkt, welcher diese Woche dran ist, bemerkt sie, dass die Litfaßsäule beim Bushaltehäuschen gerade frisch beklebt wird. Neugierig geht Jule näher, weil sie noch nie gesehen hat, wie das funktioniert.

»Ja, komm ruhig gucken«, sagt der Litfaßsäulen-Mann. »Hab zwar fast ein schlechtes Gewissen, so was direkt vor eurer Schule draufzumachen …«, sagt er und tunkt den breiten Pinsel in den Eimer mit glibbrigem Tapetenkleister. Mit ausholenden Bewegungen bestreicht er den alten Untergrund. Ruckzuck ist die Fläche dick mit Kleister bedeckt.

»So, bin gleich wieder da«, sagt er, »die zweite Hälfte vom Plakat ist noch im Auto.« Er deutet auf einen Lieferwagen. »Aber der erste Bogen hängt schon.«

Jule geht ein wenig um die Säule herum.

»Wo-ho«, ruft sie erschrocken, als sie beinahe zum zweiten Mal heute in Linus hineinrumpelt.

Als wolle er sich verstecken, steht Linus nämlich mit dem Rücken zum frisch tapezierten Werbeplakat und blickt hektisch die Straße entlang.

»Wartest du auf jemanden?«, fragt Jule.

»Ja, auf meinen Vater«, erklärt Linus schüchtern. »Ich

stehe so ungern alleine vor der Schule rum, und er kommt immer erst so spät.«

»Ach so«, sagt Jule. »Ich wollte nur sehen, was auf dem Plakat ist.«

»Kekse«, sagt Linus. »Diese Doppelteile mit Schokolade drin.«

»Lecker!« Jetzt sieht sie es auch, zumindest die Hälfte von einem Keks ist bereits erkennbar. Und zusätzlich prangt in riesigen Buchstaben genau über Linus exakt das Wort, das seit Neuestem von ihrem Kopf Besitz ergriffen hat.

»PRINZ!«, ruft Jule und beginnt zu lachen. So albern und kichrig, dass es ihr zwar megapeinlich ist, sie aber trotzdem einfach nicht damit aufhören kann. »Du stehst … du bist …«, japst sie, und Linus sieht sie unsicher an. »Perfekt«, sagt Jule. »Also als Vertrauensschüler«, lenkt sie ab. »Ich wähle einfach dich! Also, ich hab dich gewählt, wollte ich sagen. Und anders auch. Also anders wähle ich auch dich!« Jule kriegt einen neuen Lachanfall, und Linus runzelt die Stirn.

»Na, euch geht's ja gut«, sagt der Plakatmensch und entrollt die zweite Hälfte der Werbung. »Seht ihr, da darf jetzt nichts schiefgehen«, erklärt er und klebt vorsichtig das fehlende ›ENROLLE‹ hinter das Wort PRINZ. »Bekommt man richtig Appetit drauf, was?«, fragt er und streicht mit einer Rolle die Blasen aus dem Bogen. »So, fast fertig. Wollt ihr auch mal? Hier, die Ecke ist noch nicht ganz glatt, und da unten am Rand muss der Kleister noch verstrichen werden.«

Jule ergreift den Pinsel und kleistert drauflos.

»Die Säule nennt man so, weil der Erfinder so hieß«, murmelt Linus.

»Richtig, Junge! *Ernst Litfaß.* Die Dinger gibt's schon seit über hundertfuffzich Jahren.« Der Plakatmann streicht den Kleister am Eimerrand vom Pinsel und wickelt diesen in eine Tüte.

»So trocknet er nicht aus«, erklärt er. »Die nächste Pappe kleb' ich an die Säule vorm Seniorenheim. Sind lauter Jogger drauf, Werbung für den Stadtmarathon.« Der Mann schüttelt lachend den Kopf. »Wer plant denn so was? Aber auf dem Weg kauf ich mir 'ne Rolle Doppelkekse. Mist, Werbung funktioniert doch!«, schmunzelt er und verstaut seine Geräte im Wagen.

Da hupt es zweimal, und Linus sieht auf.

»Mein Vater.«

Unschlüssig bleibt Linus stehen, als wolle er noch etwas sagen. Auch Jule kommt es irgendwie komisch vor, sich einfach nur so voneinander zu verabschieden. Schließlich hat sie das vage Gefühl, Linus heute erst richtig kennengelernt zu haben. Und gaaanz vielleicht sind Prinzen ja doch keine so schlechten Spielkameraden …

»Willst du heute Nachmittag zu mir kommen?«, fragt Jule deshalb und möchte sich im selben Moment auf die Zunge beißen. Bestimmt hat Linus tausend Hobbys oder auch überhaupt keine …

»Au ja«, erwidert er sofort. »Kannst du Schach spielen?«

Jule schüttelt den Kopf.

»Super, dann zeig ich's dir«, ruft er und rennt zum Auto. »Halb vier, ja?«

Jule nickt und entscheidet sich dann für den rechtsrummen Weg. Da muss man kaum Straßen überqueren und kann viel besser nachdenken.

10

Eine schwierige Entscheidung

Beim Mittagessen erzählt Jule, dass sie nachher Besuch von Linus bekommt, und Luzie macht ein langes Gesicht.

»Da kann ich ja dann überhaupt nicht mitspielen«, mault sie. »Bringt er seine Spielzeugautos mit?«

»Quatsch«, sagt Jule. »Linus spielt doch nicht mehr mit Autos. Der ist total schlau und zeigt mir, wie Schachspielen geht.«

»Wow«, sagt Mama zerstreut, springt auf und angelt nach dem Familienplaner, der hinter dem Küchentisch an der Wand hängt. »Wartet mal, heute geht das nicht. Ich habe nachher einen Termin beim Augenarzt …«

Abwartend sehen Jule und Luzie Mama an.

»Und?«, fragt Jule.

»Na, ich kann euch doch nicht allein lassen, schon gar nicht, wenn auch noch ein anderes Kind da ist.«

»Doch!«, kreischt Luzie sicherheitshalber sofort in höchstem Alarmton. »Ich geh da nicht mit. Das dauert immer ewig, und ich STERBE vor Langeweile, und im Wartezimmer stinkt's.«

Mama will gerade etwas erwidern, da klingelt es an der Tür.

»Wir reden gleich weiter«, sagt Mama mit einem an Luzie gerichteten ›So-geht's-ja-nun-auch-nicht‹-Blick.

»Ich geh da trotzdem nicht mit«, wispert Luzie und zieht eine Schnute. »Wenn ich mitmuss, musst du auch mit.«

Jule tippt sich an die Stirn. »Niemals. Aber jetzt wart's doch erst mal ab, vielleicht kann ich Mama überzeugen, dass …«

»Dein Besuch ist schon da«, sagt Mama und schiebt Linus in die Küche. »Bisschen früher als gedacht, was?«

»Oh, Linus«, sagt Jule ratlos.

»Tut mir leid«, murmelt Linus leise, »aber mein Vater musste weg, und da dachte ich …«

Jule sieht Mama unsicher an.

»Wir können zusammen Hausaufgaben machen«, schlägt sie vor.

Mama verschränkt die Arme.

»Na ja«, sagt sie zögerlich. »Ist mir alles irgendwie gar nicht recht, aber ich will den Termin auch nicht verschie-

ben, ich warte jetzt schon drei Monate drauf. Aber Luzie nehme ich mit.«

»Neeeiiin!«, jault Luzie prompt wie eine Sirene, lässt spritzend ihren Löffel in die Suppe fallen und schleudert zornige Blicke durch den Raum.

Linus starrt sie begeistert an. »So sind kleine Geschwister?«, fragt er. »Toll.«

»So kann man es natürlich auch sehen«, sagt Mama. Grinsend zeigt sie auf einen Stuhl, und Linus setzt sich.

»Auch Suppe?«, fragt sie. »Du hast also keine Geschwister?«

»Nee«, sagt er. »Ich bin nachmittags immer allein. Also Sie können ruhig gehen, ich bin es ja gewohnt. Und mir ist noch nie was passiert. Und wir passen auf sie auf.« Linus deutet auf Luzie, als wäre sie ein Haustier.

»Luzie«, kichert Jule. »Sie heißt übrigens Luzie.«

»Und ich bin Jules Dienerin«, ergänzt Luzie stolz. »Und he, du könntest doch der Prinz sein«, setzt sie hinzu, bevor Jule es verhindern kann.

»Okay, dann bist du die Prinzessin?«, fragt er Jule, ohne auch nur im Geringsten verwundert zu sein, plötzlich mitten in einem ziemlich mädchenmäßigen Rollenspiel zu stecken.

»Wir wissen noch nicht, ob das wirklich klappt«, sagt

Luzie, weil es Jule die Sprache verschlagen hat. »Sie muss sich die Wüte erst verdienen.«

»Würde«, nuschelt Jule unbehaglich. Linus muss sie für total kindisch halten.

Doch er nickt nachdenklich.

»Stell ich mir gar nicht so einfach vor«, sagt er und tunkt den Löffel in die Suppe. »Und wer verleiht die?«

Blitzschnell legt Jule einen Finger auf die Lippen und rollt ihre Augen abwechselnd in Richtung Mama und Tür und Zimmerdecke und hofft, Luzie und Linus verstehen den Hinweis.

»Schmeckt superlecker«, sagt Linus und zwinkert Jule verschwörerisch zu.

Als auch Luzie ihren Löffel aus der Suppe fischt und schweigend weiterisst, hat Jule den Eindruck, dass das warme Gefühl in ihrem Bauch nicht nur von der Suppe kommt …

»Gut, ich verlasse mich auf euch«, sagt Mama und schließt die Spülmaschine.

Jule, Luzie und Linus nicken einstimmig.

»Ehrenwort«, sagt Luzie. »Ober-Ehrenwort!«

»Indianer-Ehrenwort«, sagt Linus.

»Großes Indianer-Ehrenwort«, fällt Jule ein, und Mama stellt schmunzelnd drei Schokopudding-Becher auf den Tisch.

Als die drei die Becher so ausführlich ausgekratzt haben, dass Mama schon befürchtet, sie könnten das Plastik mitessen, gehen sie in Jules Zimmer, wo es nach der gestrigen ausgelassenen Prinzessinnen-Party noch immer aussieht wie, nun ja, nach einer ausgelassenen Prinzessinnen-Party.

»Ist sonst ordentlicher bei mir«, sagt Jule und schämt sich plötzlich für all die rosa Glitzersachen.

»Total gemütlich«, stellt Linus fest und setzt sich mitten in den Eingang des Zelts. »Hier, das lag übrigens vor eurer Tür«, sagt er und zieht einen goldenen Umschlag aus seinem Rucksack. »Steht ein J drauf, deswegen dachte ich mir, er ist für dich.«

»Jaaa«, jubeln Jule und Luzie und stürzen sich auf den Brief.

»Aha …?«, meint Linus neugierig.

»Den hat 'ne grüne Elfe aus dem Neben- land gebracht«, erklärt Luzie hilfsbereit.

»Ist bloß so 'n Spiel, für die kleine Schwester«, wiegelt Jule ab. »Luzie ist ganz wild drauf.«

»Von wegen Spiel …«, schimpft Luzie. »Sag's ihm halt!«

Unschlüssig hält Jule den Um- schlag in der Hand. Hieß es

nicht, sie solle die Geheimnisse des Nebenlandes wahren? Aber gehört ihr Prinz jetzt nicht irgendwie mit dazu? Ist die Prüfung überhaupt bestanden? Und was kann schon passieren, wenn sie den Brief jetzt aufmacht?

»Okay«, sagt sie und zieht ein Kissen zu sich. »Es ist so, jemand schreibt mir geheimnisvolle Briefe …«

Lius nickt.

»Aus dem Nebenland, das hab ich verstanden. Und darin steht, wie du an die Prinzessinnenwürde kommst, schätze ich mal.«

»Ehrenprinzessinnenwürde«, präzisiert Jule. Sie kann es gar nicht fassen, wie gelassen Linus das alles aufnimmt. »Und Clemens ist ein Elf, keine Elfe. Aber grün stimmt«, fügt sie hinzu. Dann reißt sie den Umschlag auf und zieht den Inhalt heraus. Diesmal ist es eine königsrote Karte, die sich ganz samtig anfühlt und in die goldene Buchstaben gestanzt sind.

»Wow«, sagt Linus, »so was Edles hab ich noch nie …«

»Ich gehe jetzt«, ruft Mama von unten. »Bis später!«

»Tschühüsssss!«, brüllt Luzie in höchster Lautstärke und beugt ihren Wuschelkopf in gewohnt blickeinschränkender Weise über die Karte.

»Liiieees«, drängelt sie.

»Jule kann doch gar nix sehen außer Ringellocken«, sagt Linus.

»Siehste«, meint Jule. »Das sag ich ihr auch immer. Rübe weg!«

»Mann«, schimpft Luzie und grapscht nach dem Umschlag. »Den krieg nämlich immer ich.«

»Also«, sagt Jule. »Hier steht …«

Flump!, macht es, als plötzlich mit einem lauten, dumpfen Knall etwas gegen die Scheibe fliegt.

»Woah!«, rufen die drei vor Schreck und stürzen ans Fenster.

»Bestimmt so 'n armer Vogel«, sagt Jule und erstarrt, als sie sieht, wer wirklich gegen das Glas gedonnert ist und einen verschmierten grünen Fleck darauf hinterlassen hat.

»Mach auf!«, ruft Clemens von draußen. »Schnell!« Mit flatternden Flügeln reibt er sich die Stirn.

»Autsch«, sagt Luzie mitleidig. »Das gibt 'ne Beule!«

Jule dreht sich zu Linus um.

Sieht er ihn auch? Wenn nein, was dann? Und wenn ja, WAS dann?

»Scheint ziemlich wichtig zu sein«, sagt Linus nur, und Jule klettert auf ihren Schreibtisch, um das Fenster aufzureißen.

»Da war ich wohl doch etwas zu rasant«, sagt Clemens und schielt auf seine Stirn. »Egal. Vergiss den Brief von vorhin, da stand eh nur drin, dass die Sache mit dem Prin-

zen vom Tisch ist.« Clemens deutet auf Linus. »Und er ist ja auch schon da, das ist perfekt, denn sonst hätten wir nämlich auch noch saublöde Umstände mit der Organisiererei.«

Luzie kichert, und Clemens tupft einen grünen Punkt auf ihre Nase.

»So, genug rumpalavert«, sagt er dann. »Packt euren Kram, wir müssen los. Das Nebenland braucht deine Hilfe, dringend!«

»Was?« Jule zieht die Schultern hoch. Es ist eine Sache, dass vor ihrem Kinderzimmerfenster ein grünes Fabelwesen herumschwirrt und niemand das seltsam vorzukommen scheint, aber dass sie jetzt auch noch in dessen Welt mitkommen sollen …

»Wann wären wir denn dann theoretisch wieder zu Hause?«, will Linus wissen, als würde er jeden Tag mit Fantasiegestalten diskutieren. »Jules Mutter kommt nämlich so ungefähr in zwei Stunden wieder, und wenn wir dann noch nicht …«

»Krise«, bestätigt Luzie. »Ganz große Riesenkrise würde

Mama kriegen. Megakrise. Und wir dürfen NIEMALS im Leben wieder allein zu Hause bleiben.«

»Verstehe …« Clemens zieht eine Taschenuhr hervor. »Eine Stunde reicht bestimmt lässig.«

»Aber was ist denn eigentlich los?«, fragt Jule. »Und wie kämen wir da hin und wie wieder zurück? Überhaupt …« Jule tritt einen Schritt zurück. »Vielleicht ist es doch besser, wir bleiben hier. Wenn was schiefgeht und wir nie wieder heimkommen?« Außerdem hat sie Mama versprochen, auf Luzie aufzupassen. Und jetzt ist sie im Begriff, mit ihr in irgendeine unbekannte Welt aufzubrechen? Jule ist hin- und hergerissen. Da spürt sie auf einmal Linus' Hand auf ihrem Arm.

»Also Herr Elf«, sagt er bestimmt, »wir müssen uns erst noch besprechen. Vielleicht könnten Sie eine Runde spazieren fliegen und dann noch mal vorbeikommen?«

»Du spinnst ja!«, protestiert Luzie empört, »also ich komme sofort mit.«

»Klappe, Dienerin«, schimpft Jule und sieht Clemens bedauernd an. »Wegen der Verantwortung, okay? Also, ich hab's Mama versprochen, und ich kann nicht einfach so … ich muss … ich darf … also, ich sollte schon …«, stottert sie, doch Clemens grinst nur breit, fabriziert eine riesige türkisgrüne Kaugummiblase und lässt sich rückwärts vom Fensterbrett fallen.

»Habe die Ehre«, ruft er und steuert auf einen Baum zu, von dem Jule hätte schwören können, dass er vorhin noch nicht dort an der Straße gestanden hat. Dann landet er auf einem Ast, und augenblicklich lassen sich fünf Rotkehlchen auf seinen Schultern nieder und plustern ge-

mütlich ihr Gefieder auf. »Siehst du«, sagt Clemens, streichelt einem der Vögelchen über den roten Federbauch und zupft am langen Bart des Baumstammgesichts, das dem Alten Meister ziemlich ähnlich sieht. »Totale Zeitverschwendung. Wer die fünfte Prüfung übersteht …«, er zeigt auf Linus' Fahrrad, das an der Hauswand lehnt.

»… und vor allem die dritte und vierte!«, stöhnt der Baum und schüttelt sich, dass die Blätter nur so rauschen.

»… der vergisst sich doch nicht plötzlich selbst«, beendet Clemens seinen Satz.

Mit einem leisen Knistern verwandeln sich die Vögel in die Hexenschwestern zurück und verteilen sich auf die Zweige, wo sie nachdenklich auf und ab wippen.

»Ihr seid so ruhig«, stellt Clemens fest, »das macht mich supermisstrauisch. Was genau heckt ihr aus?«

Entrüstet schütteln die kleinen Hexen die Köpfe.

»Tick, tack, Schabernack,

geht uns auf den Dudelsack.

Rein und fromm und brav und lieb,

ist jetzt unser Hex-Prinzip.

Du kannst es glauben oder nicht …«, herausfordernd sehen sie Clemens an, »… dummer Fensterknaller-Wicht«, krakeelen sie, heben kichernd ab und verwandeln sich in die kohlrabenschwärzesten Ballons, die jemals in den Himmel gestiegen sind.

»Verflixte Hexen!«, sagt Clemens und seufzt.

Dann lässt auch er sich noch ein wenig von den Ästen wiegen, bevor er ins Nebenland zurückfliegt, um sich anzuhören, welche Prüfung auf Jule wartet.

Clemens seufzt erneut.

Hoffentlich geht alles gut, denkt er, die nächste hat es nämlich gewöhnlich in sich …

11

Ein kleiner Hund und ein großes Gewitter

»Mann!«, schimpft Luzie, »warum sind wir da jetzt nicht mitgegangen? Du bist so langweilig.«

»Weil man nicht mit jedem x-beliebigen Flugwesen einfach in dessen Welt aufbricht«, erklärt Linus. »Da könnte ja jeder kommen.«

Über diese Aussage muss Luzie so lachen, dass Jule ihre Verwirrung darüber vergisst, wie sie Linus die ganze Situation bloß erklären soll oder ob das überhaupt nötig ist. Und schon hat Luzie Linus auch den Brief gereicht.

»Darf ich?«, fragt er, und Jule nickt.

»Hier steht«, sagt Linus, »dass du die fünfte Prüfung *wohlprimalich* bestanden hast und jetzt nur noch eine *einzeleinzige schlussletztendliche Aufgabe* auf dich wartet und die siebte *eine Bonuszacke ist, die du dir mit löblicher*

Erfüllung der sechsten Aufgabe gratisgeschenkt dazu erklimmen kannst.« Linus lässt den Brief sinken. »Ich wusste gar nicht, dass du so speziell bist«, gibt er zu. »Also speziell nett schon, aber nicht so Harry-Potter-speziell-mäßig.«

»Wie – mäßig?«, fragt Luzie.

»Das ist so 'n Junge aus 'nem Buch, der erfährt, dass er eigentlich ein Zauberer ist«, erklärt Jule.

»Wie du«, sagt Luzie. »Du hast auch erfahren, dass du eigentlich 'ne Prinzessin bist, also werden sollst. Ich geh übrigens jetzt fernsehen.«

»Hast du Mama gefragt?«, will Jule wissen.

»Mach ich hinterher«, sagt Luzie und stürmt aus dem Zimmer.

»Du hast's gut …«, sagt Linus leise. »Sollen wir jetzt Schach spielen?«

Jule nickt. »Und du findest das alles …«, sie deutet auf den grünen Fleck am Fenster, »… nicht irgendwie irre?«

Linus schüttelt den Kopf. »Ist halt Magie, so was kommt vor.« Dann zieht er seinen Rucksack zu sich heran und holt einen hölzernen Kasten heraus, der aufgeklappt das Schachbrett ergibt und in dessen Innerem die Figuren aufbewahrt werden können. »Willst du die Weißen oder die Schwarzen sein?«, fragt er, und dann vertiefen sich die beiden ins Spiel, bis Mama längst wieder zu Hause ist und es für Linus Zeit wird, zu gehen.

»Wollt ihr nicht noch bis zur Bäckerei zusammen laufen?«, fragt Mama und gibt Linus seine Jacke. »Ich war
nach der Warterei beim Arzt so müde und habe vergessen, Brot mitzubringen. Und die Bäckerei liegt doch auf
Linus' Heimweg, oder?«

»Oookay«, sagt Jule leise.

Für Nicht-Eingeweihte muss sich dieses lang gezogene
Oookay anhören, als ob Jule keine Lust hätte, Mama den
Gefallen zu tun, noch kurz einen kleinen Einkauf zu erle-
digen. In Wahrheit hasst sie es tatsächlich, in die Bäckerei

zu gehen, aber der Grund ist ein anderer. Auf dem Weg zur Bäckerei muss Jule nämlich an den Schrebergärten vorbei. In einem der Gärten lebt ein schrecklicher kleiner Hund, der jeden ankläfft, als wolle er ihn höchstpersönlich zerfleischen. Jule findet es peinlich, dass sie sich von einem solch winzigen Minihund dermaßen Angst einjagen lässt, und hat es deswegen noch nie jemandem anvertraut.

»Keine Sorge, Linus, du schaffst es locker trocken nach Hause«, sagt Mama und sieht hoch zu den Wolken, die sich in der Ferne am Himmel zusammenbrauen. Dann reicht sie Jule einen Schirm. »Sicherheitshalber«, fügt sie hinzu.

Es dauert nicht lang, bis sich die beiden den Schrebergärten nähern. Unwillkürlich geht Jule ein wenig langsamer und wechselt auf Linus' andere Seite. Nun hat sie ihren Prinzen und dessen Fahrrad zwischen sich und dem angriffslustigen …

»Mikropinscher«, sagt Linus verächtlich. »Kennst du den? Der ist fast immer ganz allein in dem Garten. Pass auf, gleich kommt er angedüst. Keff, keff, keff, keff, keff«, ruft Linus gut gelaunt.

»Nicht«, flüstert Jule.

»Hast du Angst vor Hunden?«, fragt Linus.

»Vor dem schon«, gibt sie zu.

»Ist auch blöd von mir, ihn zu reizen. Ich glaube, er ist einfach total einsam. Ich habe jedenfalls noch nie jemanden im Garten gesehen, und ich komme hier immer dienstags vorbei, wenn …«

Doch Linus kann nicht ausreden, weil der Hund tatsächlich plötzlich wie aus dem Nichts auftaucht, sich mit seinen winzigen Pfoten im Maschendraht abstützt und lauthals loslegt.

»Hilfe«, entfährt es Jule, und sie läuft schneller. Kläffend rennt der Hund neben ihnen her.

»Die Fußgänger sind die einzigen Menschen, die er den ganzen Tag sieht«, sagt Linus laut, um das Gebelle zu übertönen. »Im Grunde tut er mir voll leid.«

Jules Herz klopft immer noch heftig, als sie vorbei sind und das Kläffen endlich leiser wird.

»Mist!«, ruft Linus, als die Bäckerei in Sichtweite ist. »Ich glaube, ich hab das Schachbrett bei dir vergessen.«

»Sollen wir zurückgehen?«, schlägt Jule vor.

Linus tut, als ob er überlegen müsste. »Och, auf mich wartet sowieso niemand«, sagt er. »Ich könnte dich vom Bäcker wieder nach Hause zurückbegleiten und bei der Gelegenheit das Schachspiel mitnehmen. Sonst müsstest du ja insgesamt noch dreimal an Kläffi vorbei und davon einmal ganz allein.«

»Gute Idee«, sagt Jule erleichtert. »Jetzt aber schnell«, ruft sie und rennt los, als der erste Regentropfen auf ihren Handrücken platscht.

Dunkles Grummeln kündet von einem weit entfernten Gewitter.

In der Bäckerei ist viel los, und Jule und Linus müssen lange anstehen. Als sie endlich fertig sind, regnet es draußen bereits in Strömen. Die Tropfen sind dick und schwer, wie an Schnüren perlt der Regen vom Himmel. Auch das Donnergrollen ist stärker geworden, doch es sind zumindest keine Blitze zu sehen.

»Soll ich dir das Schachbrett nicht einfach morgen mit in die Schule bringen?«, fragt Jule, zieht den Reißverschluss ihrer Jacke bis ganz nach oben und spannt einen Schirm über ihnen auf.

»Ich … äh … brauche das heute Abend aber zum Üben. Ist mein Glücksschachbrett«, erwidert Linus. »Und nass werde ich sowieso. Ob patschnass oder klitschnass, das macht keinen Unterschied.«

»Aber wahrscheinlich ist der Hund beim Regen sowieso nicht draußen«, überlegt Jule.

»Egal, ich mag Regenspaziergänge«, sagt Linus und schließt sein Fahrrad auf. »Da riecht immer alles so anders.«

Beim Laufen prasselt der Regen laut auf den Schirm. Wie eine große Kuppel spannt sich seine durchsichtige Folie über ihre Köpfe. Jule legt den Kopf in den Nacken und schaut nach oben.

»Man kann die Regentropfen fallen sehen und sogar landen.«

»Es landen ziemlich viele«, sagt Linus und deutet auf den leicht ansteigenden Gehweg.

Das Wasser fließt ihnen bereits in kleinen Wellen entgegen. In null Komma nix sind die Schuhe der Kinder durchnässt.

»Sintflut«, sagen sie im Chor.

Da müssen sie lachen, und Jule wechselt die Umhängetasche auf die andere Schulter, weil der Wind die Regentropfen unter den Schirm peitscht – sie ist an der Seite schon ganz nass.

»Bis ich zu Hause bin, ist aus dem Brot wieder Teig geworden«, sagt Jule.

»Schau, Kläffi ist tatsächlich nicht draußen, du hattest recht«, meint Linus und blinzelt durch den Regen in den Garten. »Den müssten wir also schon mal nicht mit auf die Arche retten.«

Linus deutet auf den kleinen Bach, der das Grundstück vom Nachbarn trennt und der zu einem schlammigen braunen Fluss angewachsen ist. Hier und da ist das Was-

ser bereits über die Ufer getreten, hat die Ränder ausge-
schwemmt und die kleine Rasenfläche und die Gemüse-
beete überflutet.

»Wenn das so weiterschüttet, brauchen wir nämlich
eine«, sagt er und beginnt, sein Fahrrad schneller zu
schieben.

Da bleibt Jule plötzlich stehen.

War da nicht ein Geräusch? Etwas, das nicht zum Brau-
sen des Regens und den rauschenden Blättern passt?

»Hörst du das auch?«, fragt Jule.

»Ja«, sagt Linus. »Der Donner wird lauter. Ich habe auch schon einen Blitz gesehen. Komm, wir sollten …«

»Aber da … jault was«, beharrt Jule, reicht Linus den Schirm und läuft zum Zaun. Nicht einen Moment verspürt sie Angst, dass der Hund auftauchen könnte.

Komisch eigentlich, denkt Jule, als Linus sie anstupst.

»Jule!«, drängelt er. »Da, Blitz. Eine Sekunde, zwei Sekunden, drei Sekunden, vier Sekunden, fünf Sekunden, sechs Sekunden …«, zählt Linus, bis ein lautes Krachen die Kinder zusammenzucken lässt. »Schall legt in drei Sekunden etwa einen Kilometer zurück«, ruft Linus. »Sechs durch drei sind zwei. Das Gewitter ist also zwei Kilometer entfernt. Wir müssen in Deckung gehen.«

Doch da hört Jule das Geräusch erneut.

Ein panisches Jaulen mischt sich unter die Klänge des Unwetters, und jetzt hört Linus es auch.

»Kinder, geht nach Hause«, ruft eine Frau warnend, die mit einem Kinderwagen vorbeihastet, über den sie einen Plastikschutz gezogen hat.

»Ja«, ruft Jule. »Danke. Gleich.«

Dann läuft sie am Zaun entlang und schaut suchend in den Garten. »Kann das der Hund sein?«, fragt sie. »Aber ich sehe ihn nirgends.«

Der Regen fällt nun so dicht, dass er fast einen Schleier

bildet, während das braune Bachwasser rasant ansteigt und Hecken, Büsche und Sträucher zu umfließen beginnt. Doch von dem kleinen Hund ist nichts zu sehen.

»Das kommt jedenfalls nicht von drin«, bestätigt Linus und zeigt auf die Gartenhütte, »sonst würden wir es bei dem Krach gar nicht hören.«

»Er kann sich aber auch sonst nirgendwo verkrochen haben.« Jule steigt auf die Mauererhöhung. »Ist ja alles überschwemmt. Und hintendran ist nur der …«

Mit einem gewaltigen metallenen Zischen schiebt sich wie aus dem Nichts unvermittelt ein Zug durch den grauen Regen, gleichzeitig zuckt ein Blitz über den Himmel.

»Bahndamm«, ergänzt Linus Jules Satz und zählt erneut laut mit, bis wieder ein Donnern zu hören ist. »Immer noch sechs Sekunden«, sagt er.

Linus lehnt sein Rad an den Zaun, stellt den Regenschirm dagegen, schiebt Einkaufstasche und Rucksack darunter und klettert neben Jule auf die Mauer.

Wieder ertönt das Fiepen.

Jule sieht Linus Hilfe suchend an. »Irgendwas stimmt da nicht«, sagt sie.

12
Hilfe aus dem Nebenland

Jule und Linus krallen sich mit nassen, eiskalten Fingern in den Maschendraht und versuchen, in dem überschwemmten Garten irgendwas zu erkennen.

Da flitzt auf dem übervollen und gurgelnden Kanal ein ziemlich neuer Fußball vorbei. Kreiselnd folgt er dem wilden Wasser des Bachlaufes und verschwindet hinter dem Gartenhäuschen.

»Gemein«, ruft Linus, »den kriegt man ja nie wieder. Außer der Bach hat so 'n Gitter davor, weißt du, bevor er unter dem Bahndamm durchführt …«

»Gitter!«, kreischt Jule und klettert kurz entschlossen über den Zaun.

»Warte, wo willst du denn hin?«, ruft Linus und krallt sich in ihren Hosenbund.

»Kläffi retten«, ruft Jule. »Ich weiß, was passiert ist.

Wahrscheinlich ist er ins Wasser gefallen und klemmt jetzt in der Absperrung.«

»Aber das ist saugefährlich«, schimpft Linus und lässt Jule nicht los. »Wasser und Gewitter und Überschwemmung. Wir rufen die Polizei!«

Doch gerade als Linus loslässt, um sein Handy zu holen, steigt Jule blitzschnell über den Zaun, springt auf der anderen Seite platschend ins knöcheltiefe Wasser und rennt los. Linus zögert nur eine winzige Sekunde, dann klettert er hinterher.

Der matschige Untergrund saugt bei jedem Schritt schmatzend an den Schuhen, als die Kinder auf die Rückseite des Schrebergartens laufen. Eiskalt kleben die Hosen an ihren Beinen.

Weil man nicht sieht, wo man hintritt, kommen sie auf dem glitschigen Untergrund ständig ins Rutschen.

In Richtung Bahndamm wird das Gelände abschüssig, eine Art Staudamm hat sich vor dem Abflussgitter gebildet, weil Müll, Äste und Schlamm es verstopfen.

»Da!«, schreit Jule und zeigt auf den dunklen Fleck inmitten des brodelnden Strudels. »Da ist er.«

»Vergiss es, du kannst da nicht rein«, brüllt Linus und greift nach Jules Hand, weil er genau weiß, was seine Freundin jetzt vorhat. Hier hinten in der Senke reicht den beiden das Wasser bis zu den Knien und zerrt reißend an ihren Hosenbeinen. Vorsichtig tasten sich die beiden vorwärts.

Nach Luft schnappend, paddelt der kleine Hund gegen den wirbelnden See aus Unrat an, der ihn stetig weiter gegen das Gitter presst. Immer wieder klatschen ihm schwere, feuchte Blätter ins Gesicht, die er winselnd abschüttelt. In Panik schnappt sein winziges Maul nach Luft, während neben ihm kreiselnd der Fußball gegen die Eisenstangen schlägt.

»Wir müssen näher dran!«, ruft Jule. »Sonst ertrinkt er.«

Linus schlüpft aus seiner Jacke und reicht Jule einen Ärmel.

»Nicht loslassen«, sagt er, und Jule beginnt, Schritt für Schritt an das Gitter heran zu waten.

»Nicht ausrutschen, nicht ausrutschen«, murmelt sie vor sich hin.

Immer abschüssiger und glatter wird der Untergrund, und Jule hat große Schwierigkeiten, in der eiskalten Strömung des Wassers das Gleichgewicht zu halten. Doch langsam nähert sie sich dem strampelnden Hund. Seine Bewegungen werden schleppender, und Jule heult laut auf, als sie sieht, wie er immer wieder unter Wasser verschwindet.

»Ich bin gleich da«, ruft sie durch den Sturm und tastet sich weiter vorwärts. Bestimmt beginnt hier irgendwo die tiefe Rinne des Baches, aber man kann überhaupt nichts erkennen. Plötzlich tritt ihr rechter Fuß ins Bodenlose, Jule taumelt und fällt mit dem Po ins Wasser.

»So ein verdammter Mist«, brüllt Jule.

»Alles klar?«, schreit Linus. Seine Jacke ist zum Zerreißen gespannt, aber weder er noch Jule haben die Ärmel losgelassen. Zitternd rappelt sich Jule auf. Wenigstens hat sie den ums Überleben kämpfenden Hund fast erreicht. Jule versucht, einen stabilen Stand zu finden, und knotet mit vor Kälte steifen Fingern den Jackenärmel in ihre Gür-

telschlaufe, um beide Hände frei zu haben. Dann streckt sie die Arme aus.

»Alles gut, alles gut«, sagt sie so beruhigend wie möglich und erwischt den strampelnden Hund an einer seiner Vorderpfoten. Rasch schiebt sie die andere Hand unter seinen Körper und will ihn hochnehmen, doch da spürt Jule einen Widerstand, und das Hündchen jault so herzzerreißend auf, dass Jule ihn vor Schreck beinahe wieder fallen lässt.

Keff, bellt er hilflos und versucht, nach Jules Hand zu schnappen, doch das kriegt sie gar nicht mit.

»Er hängt fest, glaub ich«, ruft sie Linus zu und beginnt zu schluchzen. »Hinten, im Gitter, mit den Beinen!«

»Du musst trotzdem rauskommen«, brüllt Linus. »Das Wasser steigt immer mehr an.«

Und genauso ist es.

Das heftige Unwetter muss dafür gesorgt haben, dass auch die großen Kanäle der Stadt die Wassermassen nicht mehr aufnehmen können. Nun suchen sie sich einen Weg über die Nebenarme und Bäche. Dass ein winziges Rinnsal so reißend werden kann, hätte Jule niemals vermutet.

Doch was soll sie jetzt nur tun?

Wenn sie den Hund loslässt, wird er untergehen, wenn sie weiter hier stehen bleibt, bringt sie sich selbst in Ge-

fahr, das Wasser steht ihr schon bis zu den Oberschenkeln!

Während Jules Hände den erschöpften Hundekörper über Wasser halten, immer vorsichtig darauf bedacht, nicht an ihm zu ziehen, um ihm noch nicht mehr Schmerzen zuzufügen, schießen ihr plötzlich unzählige Gedanken gleichzeitig durch den Kopf.

Was Mama wohl denkt, wo sie bleibt?

Ob sie Papa anruft?

Ob es dumm von ihr war, über den Zaun zu klettern?

Ob Luzie sie wohl vermissen würde, wenn …?

»Luzie!«, ruft Jule laut, weil ihr beim Namen ihrer Schwester die Prinzessinnen-Sache wieder eingefallen ist. Jule überlegt fieberhaft.

Schließlich ist nur noch eine Prüfung übrig, oder so ähnlich, ganz hat sie das vorhin nicht verstanden, sie hat es also beinahe geschafft. Und darf sich eine Prinzessin neben all dem Gut-, Hilfsbereit-, Edel- und Sanftsein nicht auch mal so richtig bestimmerisch aufführen? Luzie würde ihr da bestimmt sofort beipflichten.

Schniefend zieht Jule die Nase hoch und zwinkert sich den Regen aus den Augen. Der kleine Hund hat inzwischen alle Kraft verloren. Schlaff liegt er in Jules Händen, den kleinen, nassen Kopf hat er auf ihrem Unterarm abgelegt. Sein Fell ist pitschnass und schlierig, und er erinnert

Jule an das winzige nackte Vogeljunge, das sie vor ein paar Wochen im Garten gefunden hat. Jule spürt sein flatterndes Herz gegen ihre Handfläche pochen.

Da holt Jule tief Luft. Ja, es wird höchste Zeit, ihr Gefolge um Hilfe zu bitten.

»Ich, Prinzessin von Nebenland«, brüllt sie in das Tosen des Unwetters, »befehle euch, mir zu helfen. Schnell, Clemens, Hexenschwestern und alle anderen«, ruft Jule immer wieder.

Doch sosehr Jule auch hofft und sosehr sie davon über-

zeugt ist, dass ihre Freunde aus Nebenland sie bestimmt nicht im Stich lassen werden, so wenig geschieht. Nur ein großer, angeschwemmter Ast bohrt sich in Jules Rücken und bringt sie fast ins Straucheln, sodass der kleine Hund vor Schmerzen fiept.

Am Ufer hat Linus inzwischen eine Entscheidung getroffen. »Jetzt reicht's. Ich hole Hilfe!«, schreit Linus ihr zu und lässt den Jackenärmel fallen. Jule schwankt ein wenig, doch als sie sich wieder gefangen hat, spürt sie etwas an ihren Beinen. Wie eine wohlige Berührung durch warme, winzige Hände fühlt es sich an.

Linus will gerade losrennen, als Jule »Stopp!« brüllt.

Linus zögert, doch dann kommt er näher, weil Jule wie gebannt ins Wasser starrt, das schäumend um sie herumwirbelt.

»Warte, irgendwas ist anders«, ruft sie.

Ja, jetzt sieht man es sogar ganz deutlich. Der Bach rund um Jule scheint sich zu beruhigen, wie von Zauberhand wird die Oberfläche still, fast dick und ölig erscheint sie auf einmal. Nur einen winzigen Augenblick später hellt es sich sogar auf, immer klarer und durchsichtiger wird das Wasser, und Jule kann plötzlich die Steine des Flussbettes erkennen und ihre Füße in den Turnschuhen.

Aber da sieht sie noch etwas: fünf kleine Meerjungfrauen mit schillernden Schuppenschwänzen! Eifrig ma-

chen sie sich am Absperrgitter zu schaffen, in dem die Pfote des Hundes sich verfangen hat. Mit ihren winzigen, geschickten Händen lösen sie flink Äste, Laub und Dreck aus dem Zwischenraum. Jule hält den kleinen Hundekörper so ruhig wie möglich. Vor Erleichterung, dass ihr Ruf tatsächlich ins Nebenland gedrungen ist, würde sie am liebsten weinen.

»Ihr schafft das«, murmelt sie dankbar.

»Das … das … sind Meerjungfrauen«, stellt Linus klar, nur um ganz sicherzugehen, dass sie beide dasselbe sehen.

»Ja, die fünf kleinen Hexen«, antwortet Jule und merkt gar nicht, wie seltsam sich ihre Erwiderung anhören muss. Linus lacht laut, weil Jules Antwort so verrückt klingt.

Doch so friedlich und glitzerklar das Guckloch um Jules Füße auch anzusehen ist, das Unwetter hat sich nicht beruhigt, und Jule merkt nach wie vor, dass der Wasserspiegel steigt. Wenn die fünf kleinen Hexen es nicht schaffen, die Pfote freizubekommen, wird sie den kleinen Hund nicht länger über Wasser halten können, denn irgendwann muss sie sich selbst in Sicherheit bringen, daran führt kein Weg vorbei.

»Beeilt euch«, fleht Jule deshalb die fieberhaft arbeitenden Meerjungfrauen an.

Ein hartnäckiger Klumpen Unrat scheint sich nicht lösen zu wollen, und Jule beobachtet, wie sich die kleinen Hexen beraten. Da bemerkt Jule aus dem Augenwinkel, wie auf einmal eine so mächtige Holztonne angeschwemmt wird, dass Jule vor Schreck ganz schlecht

wird. Mit rasender Geschwindigkeit kommt sie auf Jule zu. Wenn Jule nicht flüchtet, wird sie zwischen Tonne und Absperrgitter eingeklemmt werden …

»Stopp!«, schreien die beiden deshalb panisch.

»Raus, raus!!«, brüllt Linus und versucht, Jule am Arm zu erwischen.

Doch da bremst die Tonne plötzlich ab, dümpelt ein wenig herum, richtet sich auf und pflanzt sich tief mitten in den reißenden Bach. Seine bauchige Rundung füllt selbst den durch den Regen ausgehöhlten Lauf so perfekt aus, dass sich das heranschießende Wasser davor staut und nach einer Weile in die Wiese abfließt, wo es riesige Pfützen bildet.

Pong!, macht es, als sich schließlich der Deckel des Fasses öffnet und der Oberkörper der Königin herausploppt.

»Hallöchen«, sagt sie und wedelt mit beiden Händen über das Fass, als wolle sie ihren Rock glatt streichen. Dann sieht die Königin sich um. »Na, das sieht ja alles ziemlich nass aus hier. Madame Acht? Wo stecken Sie denn?« Die Königin kreiselt einmal um die eigene Achse, als die Gesuchte auch schon an ihrem Schirm angeschwebt kommt.

»Aufgepasst und überw*acht* und mitged*acht*, ich hab uns etwas mitgebr*acht*«, tiriliert sie, tippt an den Schirm, der sich zu einer zeltgroßen Haube aufbläht und den Regen über der kleinen Gruppe endlich zum Schweigen bringt. »Frau Königin, gut gem*acht*, ihr habt den Fluss fein zugem*acht*, alle sind gut überd*acht*, bis Mittern*acht*.«

Jule durchfährt blitzartig ein wundervolles Gefühl der Erleichterung. Strahlend sieht sie Linus an, der trotz all der herangeeilten Geheimratsmitglieder immer noch ziemlich skeptisch guckt. Die Zeit drängt ja immer noch.

»Danke!«, ruft Jule deshalb. »Aber so lange darf die Rettung nicht dauern. Ich muss nämlich dringend heim, Mama hat bestimmt schon die Polizei angerufen, wir sind schon ewig hier.«

»Alles cool«, ruft Clemens, der in diesem Moment angeflogen kommt und sich schüttelnd unter Madame Achts

Schirm rettet. Grüne Farbe tropft von seinem Körper. »Ich hasse Regen«, mault er und sieht Jule an. »Um deine Mom kümmert sich Mister Mädschik und bezirzt sie mit 'nem Regentanz oder Fragmichnicht«, erklärt Clemens grinsend. »Er hat auf Damen immer diese … diese …«, der Elf plinkert mit den Wimpern, »… diese Wirkung halt. Rosarote Herzchen, ihr wisst schon … Also entspannt euch, Leute.«

Jule will gerade etwas erwidern, als sie die Meerjungfrauen ungeduldig an ihren Hosenbeinen zupfen spürt. Inzwischen brennen Jules Arme vor Anstrengung, den kleinen Hundekörper über Wasser zu halten. Da wird der kleine Hund auf einmal ganz leicht. Zwei der Meerjungfrauen heben ihn sachte von unten an.

»Ich glaube, sie haben es geschafft«, ruft Jule, und alle jubeln. »Jetzt ganz tapfer sein«, flüstert sie dem erschöpften Hündchen zu und beobachtet, wie drei kleine Hexen sachte seine Pfote befreien. Der kleine Hund wimmert leise, doch mit einem Mal ist es geschafft.

Jule kann den Hund aus dem Wasser heben und presst ihn glücklich gegen ihre Brust, da schieben sich zwei Hände unter ihre Achseln.

»Wie kann ein derart kleiner Mensch nur so schwer sein«, ächzt Clemens, als er sie mit heftig schlagenden Flügeln aus dem Bach hebt und schnaufend ans Ufer fliegt. »Sorry wegen der Farbflecken«, sagt er und lässt Jule neben Linus runter, der sie so erleichtert an sich drückt, dass der Hund zwischen ihnen ein leises Fiepen von sich gibt.

»Rein physikalisch ist hier so gut wie nichts logisch«, hört Jule ihren Freund dabei murmeln.

Clemens lacht. »Logik wird völlig überbewertet«, scherzt er. »So, wo bleiben denn unsere Oldies?« Clemens streichelt dem Hund über den Kopf, wobei er einen grünen Streifen auf dem nassen Fell hinterlässt.

»Wächst die Farbe eigentlich irgendwie nach, oder bildet sie sich neu?«, entfährt es Linus interessiert, weil auch in extremen Situationen manchmal die einfachsten Fragen zuerst geklärt werden müssen.

Doch Clemens kommt nicht zu einer Antwort, denn jemand brüllt mit empörter Stimme etwas über die Wiese.

»Was machen Sie da auf meinem Grundstück?«, poltert ein alter Mann und wedelt wütend mit seinem Gehstock. »Strolche, Flegel, Rabauken.«

»Ich hole die Polizei«, krakeelt seine Frau. »Verschwindet, ihr Bande. Rotzlöffel, Lausekerle, Lümmel!«

»Oh nein«, wispern Jule und Linus.

Doch Clemens ächzt nur demonstrativ. »Immer diese Schukowskis«, ruft er. »Manchmal übertreiben sie es echt.«

Als die beiden über die nasse Wiese herangestakst sind, fragt Herr Schukowski in die Runde: »Na, wie fandet ihr meinen wütenden Rentner?«, als wäre er nicht mitten in einem Unwetter mit Riesendrama.

»Ist gut jetzt«, schimpft Frau Schukowski ihren Mann auch prompt aus. »Hier«, sie hält Jule einen Korb entgegen, der mit weichen, trockenen Handtüchern und einer Wärmflasche ausgepolstert ist. »Leg den kleinen Patienten hier hinein, wir kümmern uns um ihn«, erklärt sie, während Jule den zitternden Hund wortlos umbettet.

Dann legt Frau Schukowski eine Decke über den Korb und tritt in den Regen hinaus. Die beiden haken sich wie üblich beieinander ein und sind nach wenigen Metern verschwunden.

»Äh …«, macht Jule hilflos.

»Und … aber … was …?«, stottert Linus.

»Ganz gelassen bleiben«, sagt Clemens beruhigend. »Die beiden kriegen ALLES wieder gesund.«

»Okay«, sagt Jule leise. »Danke«, haucht sie. Mit einem Mal fühlt sie sich ganz schwach. »Danke euch allen.« Sie dreht sich zum Bach um, weil sie einfach zu gerne einen letzten Blick auf die Hexen- schwester-Meerjungfrauen er- haschen möchte.

Ploark, quaken stattdessen fünf Riesenkröten und kom- men mit großen, platschen- den Sprüngen auf Jule und Linus zu.

»Woah!«, ruft Linus erschrocken und geht hinter Jule in Deckung.

Da brechen die Kröten in freches Gekicher aus, und Linus wird rot.

»Heim«, sagt er. »Wir müssen heim.«

»Ja«, haucht Jule. Vom plötzlichen Ende ihres Abenteuers ist sie wie erschlagen. Irgendwie sprachlos. Erst jetzt merkt sie, wie erschöpft sie ist.

»Komm«, sagt Linus und ergreift ihre Hand.

Madame Acht wiegt zustimmend ihren Kopf. »Es ist vollbr*acht*, hat Spaß gem*acht*«, jubiliert sie gut gelaunt, verkleinert ihren Schirm auf normale Größe, winkt in alle Richtungen und schwebt davon.

Zum Glück hat der Regen endlich etwas nachgelassen, doch Jule beginnt jetzt, in den nassen Klamotten zu schlottern. Da macht sich auch die Königin daran, den Heimweg anzutreten.

»Tonne zu und Ruh«, tönt es dumpf aus dem Fass, als die Königin den Deckel über sich schließt. Ruckelnd löst das Fass sich aus dem Schlamm und dümpelt entgegen der Flussrichtung davon.

Linus schüttelt hilflos den Kopf. »Und das ist noch das Harmloseste von allem«, sagt er und verfolgt kopfschüttelnd, wie die Tonne hinter der nächsten Biegung verschwindet, genauso wie sie gekommen ist.

Am Zaun wartet Clemens auf die beiden.

»Flugservice?«, fragt er, und Linus und Jule stimmen dankbar zu.

»Uff«, japst Clemens wieder, als er die beiden neben Linus' Fahrrad absetzt. »Ihr habt bestimmt hundert Liter Wasser aufgesaugt. Also, ich mach mich vom Acker, schafft ihr's ab hier alleine?«, fragt der Elf, stülpt sich die Kopfhörer über die Ohren und fliegt davon.

Als Linus sein Rad aufnimmt und Jule die Brottasche reicht, ist sie fast so trocken, als hätte das Unwetter eben gar nicht stattgefunden.

»Komisch«, murmelt Jule.

»Nicht nur das«, erwidert Linus. »Tschüss, bis morgen«, sagt er und setzt den Helm auf.

»Dein Schachbrett!«, fällt Jule ein.

Linus winkt ab. »Egal, ich muss sowieso die ganze Nacht nachdenken.«

»Ich auch«, sagt Jule grinsend, und Linus radelt davon.

13

Die sechste Zacke,
die siebte Sonderzacke und eine
ganz spezielle Krönung

Genau wie Clemens versprochen hat, hat Mister Mädschik ganze Arbeit geleistet. Mama lehnt mit lässig verschränkten Armen in der Haustür und lauscht selig Mister Mädschiks Geschichten, während aus dem Wohnzimmer der Fernseher dröhnt, extralaut, genau wie Luzie es liebt.

Erst als Jule pitschnass die Stufen hochkommt und mit der Bäckereitüte raschelt, scheint Mama wieder zu sich zu kommen. Wenn Jule nicht ganz sicher wäre, dass da wirklich keine Herzchen um Mamas Kopf kreisen, könnte man sie fast sehen.

»Ah, Schatz«, sagt sie vage, als fiele ihr jetzt erst wieder ein, dass Jule überhaupt unterwegs war.

»Da ist sie ja, die süße Kleine«, ruft Mister Mädschik

sofort. »Na, das ging ja flugs mit dem Einkaufen«, lobt er überschwänglich, zwinkert Jule verschwörerisch zu und springt elegant die Treppe hinunter. »Hat mich sehr gefreut, mit Ihnen zu plaudern, meine Schöne.« Dann tänzelt er summend über den Hof, macht einen Spagatsprung über eine Pfütze und ist verschwunden.

»Hach!«, entfährt es Mama verzückt. Dann nimmt sie Jule die Tüte ab, streicht ihr die nassen Haare aus der Stirn und sieht sie prüfend an.

»Seid ihr doch noch in den Regen gekommen?«, fragt sie. »Irgendwie habe ich gar nicht mitgekriegt, dass es überhaupt so doll …« Mama runzelt die Stirn, als würde sie über etwas nachdenken. »Na, egal. Armes Julchen, hast du denn den Schirm nicht benutzt?«

»Doch, aber …«, sagt sie und lässt den Satz in der Luft hängen. Mama war wohl wirklich die ganze Zeit irgendwie hypnotisiert. Jule schält sich aus ihren nassen Klamotten. »Da war so 'ne Schlammpfütze …«, sagt sie entschuldigend, als Mama naserümpfend die triefenden Kleidungsstücke in einen Wäschekorb sammelt.

»Sieht eher aus, als wärst du schwimmen gewesen«, murmelt sie. »Jetzt ein schönes heißes Schaumbad?«, schlägt sie vor, und Jule nickt bibbernd.

»Mit Luzie«, schlägt sie vor.

Mama grinst. »Sehr guter Trick«, findet sie, weil Luzie

meistens nur so zum Baden überredet werden kann, geht ins Wohnzimmer und schaltet den Fernseher aus. »Habe ich das eigentlich erlaubt?«, fragt Mama.

»Hmmm«, brummelt Luzie.

»Baden«, bestimmt Mama.

»Nö«, sagt Luzie.

»Mit Jule«, sagt Mama.

»Okay!«, ruft Luzie und stürmt nach oben.

»Und was passiert jetzt mit Kläffi?«, fragt Luzie, als Jule ihr alles haarklein berichtet hat. Vor lauter Spannung sitzt Luzie wie erstarrt in der Wanne und hat bis jetzt nicht die kleinste Überschwemmung verursacht.

»Der wird wieder gesund«, sagt Jule.

»Mann!«, ruft Luzie und patscht mit der Hand aufs Wasser, dass es nur so spritzt. »Ist doch klar! Ich meine,

wo der Hund dann hinkommt? Der ist ja jetzt sozusagen ein anderer Mensch, wenn er aus dem Nebenland zurückkommt. Voll friedlich und gechillt. Der bellt nicht mehr, wetten?«

Jule zuckt unschlüssig mit den Schultern. Dass sie genau das Tier gerettet hat, vor dem sie am meisten Angst hatte, kommt ihr im Nachhinein selbst ganz verrückt vor.

»Also nehmen wir den dann«, erläutert Luzie ihren Plan. »Er kann in meinem Zimmer wohnen. Manchmal auch bei dir, wenn du lieb zu mir bist.«

Jule tippt sich an die Stirn. »Wenn überhaupt, dann ist das mein Hund, und außerdem bist du die Dienerin, nicht ich.«

»Blöd eigentlich«, überlegt Luzie. »Okay, wir teilen ihn.«

»Wen teilt ihr?« Mama kommt ins Badezimmer und hält ein Handtuch hoch. »Wer kommt zuerst raus? Ihr seid ja schon ganz schrumpelig.«

»Ich«, sagt Luzie und steht so schwungvoll auf, dass sich doch noch ein großer Schwapp ins Badezimmer ergießt.

»Och, Luzie«, brummt Mama und hüllt Luzie von Kopf bis Fuß in ein riesiges Badetuch.

»Don Hond«, beantwortet Luzie mit dumpfer Stimme Mamas Frage. »Dön wia bold kriegön.«

»Wieso kriegen wir einen Hund?«, fragt Mama, schlägt das Handtuch zurück und rubbelt sich durch Luzies Haare. »Ich glaube, davon wüsste ich …«

»Weil Jule grad einen gerettet hat, den doofen von vor der Bäckerei«, sagt Luzie.

»Boah, also echt«, schimpft Jule, holt Luft und taucht unter. Kann Luzie denn überhaupt nichts für sich behalten?

»Diesen Kläffer?« Mama lacht. »Der würde sich nicht mal retten lassen, wenn er gerettet werden müsste.«

»Doch! Und fünf verhexte Meerjungfrauen haben geholfen«, hört Jule Luzie erzählen, als sie wieder auftaucht und sich den Schaum aus dem Gesicht wischt.

»Ach so, na dann!« Mama holt ein frisches Handtuch aus dem Schrank und reicht es Jule. »Raus jetzt mit dir«, sagt sie und trägt Luzie in ihr Zimmer.

Gedankenverloren steigt Jule in ihren Schlafanzug und kriecht ins Bett, wo sie nur mal probehalber für fünf Minuten die Augen zumacht. Sie muss ja sowieso fürs Abendbrot gleich wieder aufstehen …

Doch während Mama sich noch Sorgen macht, ob Jule sich wohl eine Erkältung eingefangen hat und krank wird, schlummert diese so fest ein, dass sie ganze zwölf Stunden durchschläft, ohne sich auch nur drei Mal umzudrehen.

Als Jule am nächsten Morgen geweckt wird, kommt ihr das ganze Abenteuer wie ein verrückter Traum vor. So hat sich Jule während der ganzen Geschichte mit der Prinzessinnen-Sache noch nie gefühlt. Klar, es kam ihr schon immer alles ziemlich merkwürdig, magisch und eigentlich völlig unmöglich vor, aber Jule WUSSTE trotzdem immer irgendwie, dass sie sich das alles nicht nur einbildete. Aber gestern, das war doch alles ziemlich krass …

Jule kann es kaum erwarten, in die Schule zu kommen, um mit Linus zu sprechen. Aber erst mal muss sie frühstücken. Ihr Magen fühlt sich vor Hunger richtig hohl an.

»Guten Morgen, Jule Siebenschläfer«, begrüßt Mama Jule, als sie in die Küche kommt. »Ich habe mir schon Sorgen gemacht, dass du eine Überdosis Schlaf bekommen könntest.«

Luzie runzelt die Stirn. »Erwachsene sind so was von komisch. Wenn wir nicht schlafen, seid ihr sauer, und wenn wir schlafen, macht ihr euch Sorgen, das ist bescheuert.«

»Hallo?«, ruft Mama. »Stimmt aber eigentlich«, gibt sie schmunzelnd zu.

Jule setzt sich und mampft sich hungrig durch mehrere Portionen Frühstücksmüsli.

»Gestern Abend war doch ein Gewitter, oder?«, fragt sie beiläufig. Sie muss das einfach abchecken.

»Kann sein, manchmal war's Fernsehprogramm weg ...«, sagt Luzie.

Mama stutzt und knotet gedankenverloren den Gürtel des Bademantels enger.

»Echt?«, fragt sie. »Hm ... als du Brot holen warst, fing es an zu regnen, aber jetzt nicht sooo doll ... Ich hab mich in der Zeit unterhalten, mit ... mit ...« Mama runzelt die Stirn.

Doch Jule hört gar nicht mehr zu. In ihrem Bauch beginnt es zu flattern. Es stimmt also doch. Zumindest die Sache mit dem Gewitter ...

»Und wann kommt jetzt unser Hund?«, fragt Luzie.

»Ich muss los!«, ruft Jule, lässt klimpernd den Löffel in ihr Schälchen fallen und hat es plötzlich sehr eilig. Beinahe vergisst sie ihr Schulbrot.

»Luzie, es gibt keinen Hund, das Thema hatten wir doch schon hundert Mal ...«, hört Jule Mama sagen, als sie sich den Schulranzen über die Schulter wirft und aus dem Haus stürmt.

Wieder und wieder blickt Jule sich um, ob sie vielleicht irgendwo einen Hinweis aus dem Nebenland entdeckt. Noch nie hat sie so sehr darauf gehofft wie heute. Sie will unbedingt wissen, wie es dem kleinen Hund geht. Doch weder der kleinste grüne Farbfleck noch eine Ansamm-

lung von fünf Krabbel-, Flug- oder Kriechtieren, noch ein auffällig unauffälliges altes Ehepaar, eine Frau mit Schirm, eine Art Schachfigur oder der Alte Meister höchstselbst sind zu sehen. Bei der Vorstellung, dass die Mitglieder des Zwölfeinhalber-Rats gestern bestimmt Mühe hatten, den Alten Meister davon abzuhalten, ebenfalls im Überschwemmungsgebiet zu erscheinen, um komplizierte Schwurbelansagen zu halten, muss Jule grinsen.

»Gute Laune heute?«, fragt Sofie.

»Och ja«, sagt Jule, und dann rennen die beiden los.

Kurz vor der Schule kommt ihnen Linus entgegengestürmt.

»Schnell«, ruft er, »das müsst ihr sehen!«

»Irgendwie kann Linus seit gestern reden«, wispert Sofie, und Jule grinst noch breiter. Wenn sie wüsste …

»Ist das etwa ein Zirkus?«, juchzt Sofie begeistert, als sie sieht, was Linus meint.

Mitten auf dem Schulhof steht eine Art Podest, nein, es ist vielmehr eine Bühne! Sie hat einen bunten Aufbau, vor den ein goldener Vorhang gezogen ist. Die Pailletten funkeln in der Morgensonne und sprenkeln ihr Licht über die staunenden Schüler, die es sich auf ihren Taschen und Jacken gemütlich gemacht haben. Einige holen sich sogar einen Stuhl aus dem Gebäude.

»Drücken wir mal ein Auge zu«, hört Jule Frau Dom-

meister, die Direktorin, zu ihrer Klassenlehrerin sagen. »Ich habe keine Ahnung, wo die herkommen, aber wenn die Vorstellung pädagogisch sinnvoll ist …«

»… und Spaß macht«, fügt Frau Himmelreich an.

»… und völlig kostenlos ist, dann gönnen wir uns doch ein bisschen Vergnügen«, stimmt Frau Dommeister zu. »Die Schule läuft nicht weg.«

Und gerade als Jule es nicht mehr aushält und Linus auf den gestrigen Nachmittag ansprechen will, wispert er: »War ziemlich nass, gestern, was?«, und Jule nickt erleichtert.

»Ja!«, sagt sie. »Und … die …«, Jule vergewissert sich, dass Sofie immer noch in ein Gespräch mit Dilara vertieft ist, »… Meerjungfrauen …«, flüstert sie kaum hörbar und traut sich fast nicht, Linus dabei anzusehen. »Ich habe

übrigens das Schachbrett vergessen«, setzt sie sicherheitshalber als Ablenkungsmanöver hinzu.

»Ich schenk's dir«, sagt er. »Ich hab bestimmt fünf Stück. Fünf, verstehst du, wie gestern die … diese speziellen Fische.«

»Gott sei Dank«, raunt Jule. »Seit heute Morgen denke ich dauernd, ich hätte mir alles nur eingebildet.«

»Was hast du dir eingebildet?«, wird sie von Sofie unterbrochen.

Doch da öffnet sich endlich der glitzernde Vorhang der kleinen Bühne, und die Kinder auf dem kleinen Schulhof verstummen.

In einem dunkelroten Plüschsessel sitzt ein alter Herr mit einem langen Bart, der ihm bis zu den Füßen reicht. Der Mann blickt auf seinen Schoß hinunter, auf dem etwas liegt, das er sanft streichelt.

Jule wird von einer Welle aus ziemlich verschiedenen Gefühlen überrollt. Schreck, Überraschung, Unsicherheit, Aufregung, Freude, Spannung und noch einiges an Gekribbel und Gemulme mehr rauscht durch ihren Körper.

»Das ist der Alte Meister«, flüstert Jule.

Ihre Finger sind plötzlich eiskalt, rasch greift sie nach Linus' Hand und lässt sie gleich darauf wieder los. Hoffentlich hat das jetzt niemand gesehen, denkt sie verwirrt, doch alle starren nur wie gebannt auf die Bühne, obwohl immer noch kein Wort gefallen ist. Nun räuspert sich der alte Mann endlich, sieht auf, lächelt und beginnt zu reden.

»Meine sehr verehrten Damen und Herren«, sagt er. »Wir haben uns heute hier zusammengefunden, um …«

Wie aus dem Nichts tauchen fünf große bunte Papageien auf der Bühne auf, alle Augen sind nun auf sie gerichtet. Die Kinder japsen vor Freude. Wo kommen die

denn so plötzlich her? Und jetzt führen sie auch noch die Ansprache des Alten Meisters fort!

»… um die Verleihung …«, krächzt der erste.

»… der Ehren …«, sagt der zweite.

»… prinzessinnen …«, kräht der dritte.

»… wüüüüüürdäää …«, johlt der vierte.

»… gemeinsam mit euch zu feiern«, krächzt der fünfte Papagei.

Im Publikum ist es mucksmäuschenstill. Jules Herz klopft inzwischen so laut, dass sie befürchtet, man könne es wirklich hören. Dann verneigen sich die Papageien, schlagen mit den Flügeln, spreizen ihr farbenprächtiges Gefieder und stolzieren in einer Reihe durch eine winzige Tür von der Bühne.

»Zugetragen hat sich Sämtliches wie fürderst«, schwurbelt der Alte Meister. »Eines Tages spuckte die vermaledeite Kugel-Wahl-Klongsdingeling-Maschine aus technischen Versehensgründen den Namen eines Menschenkindes aus. Fortan musste dieses die in den goldenen Briefen geforderten gar teufelskniffligen Aufgaben meistern. Seht nun, wie dies geschah …«

Wie durch Zauberei füllt sich die Bühne jetzt mit allerlei weiteren Figuren. Ohne einen einzigen Ton beginnen sie mit einer langsamen, fast träumerischen Pantomime: Ein grünes Flugwesen überreicht einem kleinen Mädchen, das ziemlich haargenau aussieht wie Jule, einen glänzenden Umschlag. Als sie ihn öffnet, flattern fünf Schmetterlinge daraus hervor, die von einer Frau mit ihrem Hut eingefangen werden, an dem sie schließlich davonzuschweben scheint. Es gibt tanzende Prinzessinnen in rosa Kleidern, wirbelnde Schachfiguren und einen Prinzen auf einem Fahrrad zu sehen. Und während die anderen Kinder sich wie gebannt von dem magischen Schauspiel verzaubern lassen, weiß Jule natürlich ganz genau, was das Stück in Wirklichkeit nachspielt: all das nämlich, was sie in den letzten Tagen erlebt hat. Ja, es sind sie und die Mitglieder des Zwölfeinhalber-Rats in jeder Szene selbst!

Doch was ist das denn? Ein kleiner Hund paddelt plötzlich in einem Fluss aus silbergrauer Folie, immer wieder wird er vom Wasser überrollt und droht unterzugehen. Man sieht, wie das Mädchen verzweifelt am Ufer entlangläuft. Da taucht der Prinz wieder auf und versucht, das Mädchen festzuhalten. Jule greift erneut nach Linus' Hand. Diesmal lässt sie sie nicht wieder los.

Plötzlich springt ihr Bühnenebenbild in den Fluss.

»Ja!« rufen die Kinder und: »Oh nein!« – wie soll man sich denn da entscheiden?

Atemlos verfolgen sie, wie es gelingt, das Hündchen in letzter Sekunde zu retten. Die Kinder klatschen wie wild, als er in einen Minikrankenwagen gelegt wird.

Nun wird es wieder hell auf der Bühne, und man erkennt, wie der grüne Junge einen Korb vor einer Haustür abstellt. Die Tür öffnet sich, und ein kleines Mädchen beugt sich über den Korb, zieht eine funkelnde Krone heraus, zählt laut und deutlich sieben Zacken, setzt sie auf und fasst erneut in den Korb. Vorsichtig hebt sie einen winzigen Hund mit Gipsbein heraus. Glücklich schlingt das kleine Mädchen ihre Arme um ihn und trägt ihn unter dem tosenden Applaus der Kinder ins Haus.

»Linus«, flüstert Jule, »ich glaube, sie wollen mir damit zeigen, was nachher noch passieren wird. Also, dass Clemens wirklich den Hund zu uns nach Hause bringen wird, und die Krone bedeutet, dass ich die Prinzessinnenprüfung bestanden habe, und wenn ich nach der Schule nach Hause komme, wird Luzie erzählen, dass es geklingelt hat, und da stand der Korb mit dem Hund, und Mama wird uns kein Wort glauben und … aber … doch …«, stammelt sie, doch Linus nickt nur bestätigend.

»Genau. Sehe ich auch so«, sagt er.

»Aber wir können ihn doch nicht einfach behalten, der gehört uns doch nicht …«, flüstert Jule aufgeregt weiter.

»Der Schrebergartenmensch will ihn bestimmt nicht mehr, der war ein Tierquäler«, antwortet Linus.

Jule nickt wie verrückt. Sie ist froh, dass sie mit Linus die ganze verwirrende Situation besprechen kann …

»Weißt du, was ich glaube?«, sagt Linus. »Diese Theateraufführung war nicht nur dazu da, um dir zu zeigen, wie es weitergeht. Sie sollte deine … deine … Dings, wie sagt man, Krönungszeremonie sein.«

Jule seufzt und strahlt gleichzeitig.

Auf der Bühne haben sich die Schauspieler nun in einer Reihe aufgestellt und verbeugen sich. Die Kinder klatschen und trampeln mit den Füßen, so ein magisches Stück haben sie noch nie gesehen. Auch die Papageien sind wieder da und drehen eine Runde nach der anderen über der kleinen Menge, während die Kinder begeistert jubeln.

Nur Jule sitzt ganz still inmitten des Trubels und weiß nicht recht, was sie tun soll.

Sie möchte sich so gerne beim Zwölfeinhalber-Rat bedanken, aber sie traut sich einfach nicht. Und wie sollte sie das auch machen? Schließlich ahnt ja keiner, dass der Auftritt nur wegen ihr stattgefunden hat …

Peinlich eigentlich.

Jule kriegt keinen klaren Gedanken in ihren Kopf. Doch gleich, wenn der Vorhang gefallen ist, einfach so mit der Klasse ins Schulhaus zu gehen, als wäre diese Vorführung bloß eine ganz normale Theaterveranstaltung gewesen, das geht auch nicht. Vielleicht sieht sie den Rat der Zwölfeinhalber

ja niemals wieder! Soll sie einfach nach vorne laufen und alle umarmen? Doch das traut sie sich einfach nicht, was soll sie dann ihren Mitschülern erzählen? Also beginnt sie zu winken, mit beiden Händen. Tränen rollen über ihr Gesicht, aber sie winkt und winkt, und es ist ihr egal, dass alle sie wegen ihrer Begeisterung für das Stück erstaunt anstarren.

Jule winkt und sieht dabei allen ihren neuen Freunden nacheinander tief in die Augen.

Den fünf kleinen Hexen, Clemens, Herrn und Frau Schukowski, der Königin, Madame Acht, Mister Mädschik und dem Alten Meister.

Und alle, alle winken zurück.

Schade, dass Luzie jetzt nicht hier sein kann, denkt Jule,

doch sie weiß ja, dass ihre kleine Schwester dafür gleich den Hund und die Krone in Empfang nehmen wird.

Und dann verneigen sie sich.

Vor Jule Paul, Menschenkind, der neuen Ehrenprinzessin des Nebenlandes.

Nebenland-Rezeptur für Magischen Prinzessinnen-Schleim

Von deinen untertänigen Dienern lässt du dir gnädigst und hurtig folgende magischen Zutaten reichen:

* 100 ml königlichen Bastelkleber
* anderthalb Esslöffel vom flüssigen Waschmittel für Ballkleidung
* Glitzer, Glimmer oder Glitter in rauen Mengen
* Lebensmittelfarbe in royalem Rot, prinzessigem Pink oder himmelblauem Himmelblau
* eine prächtige, kostbare Schüssel
* einen goldenen Löffel zum Umrühren
* eine wertvolle, luftdichte Dose mit Deckel zum Aufbewahren

Ziehe dich in deine königliche Bastelstube zurück und verschließe die Türen.

Vermische nun sorgfältig die magischen Zutaten: Kleber, Waschmittel, Farbe und Glitzer, und rühre so lange um, bis der Schleim lange Fäden zieht und sich vom Schüsselrand löst.

Jetzt kannst du genüsslich und langsam mit den Händen wei-
termanschen.
Der Schleim ist fertig, wenn er nicht mehr an den Fingern kleben bleibt.

Vorteil des Prinzessinnen-Schleims:
* All der unnötige, völlig unadelige Schmutz an deinen holden
  Händen bleibt fein ordentlich im Schleim kleben, wenn du
  damit spielst. So hast du immer saubere Finger, die zudem
  auch noch äußerst liebreizend nach Waschmittel duften.

Über die Jahrhunderte hat sich folgender Hinweis bewährt:
* Du solltest die Haltbarkeit des Schleims nicht überstrapa-
  zieren, da er sich möglicherweise mit der Zeit von Prinzessinnen-Schleim in Monsterbakterien-Schleim verwandeln kann
  und infolge dieser Umwandlung vielleicht sogar zu leben
  beginnt … Dies geschieht nach drei bis vier Tagen ausführ-
  lichen Gebrauchs.

WARNUNG!
DIE SCHLEIMHERSTELLUNG UND DAS
SPIELEN MIT DEMSELBEN KANN
EXTREM SÜCHTIG MACHEN.
Hihi!

Andrea

Andrea Schütze hat in ihrer Kindheit so ziemlich alle Hobbys ausprobiert, die man sich nur vorstellen kann. Irgendwann ist sie beim Lesen geblieben und schreibt deshalb auch so gerne Bücher. Sie hat einen Gesellenbrief als Damenschneiderin, ein Diplom als Psychologin, aber kein Seepferdchenabzeichen. Mit ihren zwei Töchtern und einem Kätzchen lebt sie in einem rosaroten Haus mitten im Schwarzwald. Ganz in der Nähe gibt es eine Stelle, an der man gleichzeitig in Frankreich, Deutschland und der Schweiz stehen kann – vorausgesetzt natürlich man hat drei Beine.

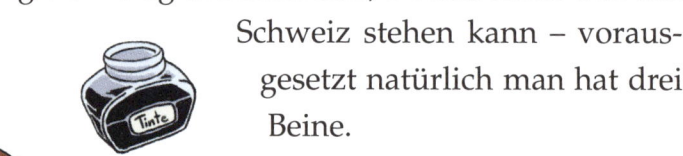

Elias

Elias Linnekuhl, geboren 1990, kommt aus einem kleinen
Ort neben einem Wald in Niedersachsen. Lebt und
arbeitet in Hamburg fast am Wasser, und studiert
Illustration. Er mag alles Farbenfrohe und
sein größter Wunsch sind zwei eigene
Hunde.
»Die 7 goldenen Briefe« ist das erste
Buch, das er illustriert.

Auf ins Vorleseabenteuer mit Elli & Wolle!

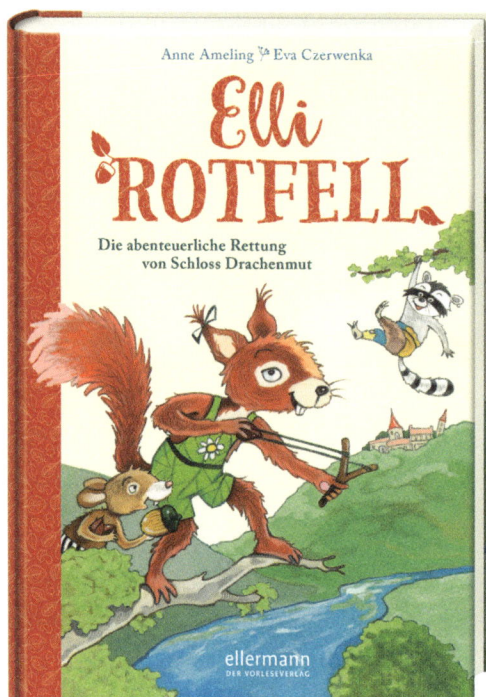

Elli Rotfell –
Die abenteuerliche Rettung
von Schloss Drachenmut
Text von Anne Ameling
Farbige Bilder
von Eva Czerwenka
Ab 6 Jahren · 192 Seiten
ISBN 978-3-7707-0054-7

Immer nur brav das Fell bürsten? Das ist Elli Rotfell eindeutig zu lang-
weilig, sie ist schließlich ein mutiges Eichhörnchen. Auf der Suche nach
Abenteuern trifft sie den erfinderischen Waschbären Wolle Wasching-
ton – und das Abenteuer lässt auch nicht lange auf sich warten. Schloss
Drachenmut und ihr Zuhause, der Schlosspark, sollen verkauft werden!
Ob Elli und Wolle das verhindern können?

Ein spannendes Vorleseabenteuer für Kinder ab 6 Jahren.

Weitere Informationen unter **www.ellermann.de**

ellermann
DER VORLESEVERLAG

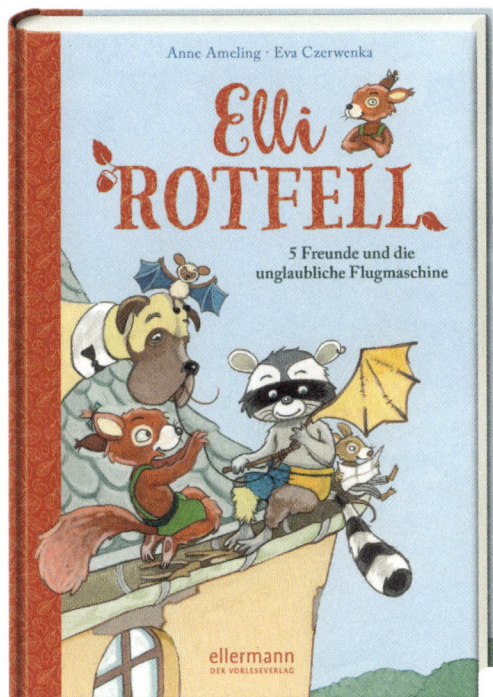